"불가능을 가능하게 만들
당신을 응원합니다!"

20 년   월   일

_____님에게

AI VIBE CODING VIBE SYSTEM

AI 바이브코딩 설계자

바이브코딩, 새로운 시대의 생존 전략

퍼널띵 지음

좋은땅

저자 소개

퍼널띵

10년 전, 나는 코딩을 전혀 모르는 '독수리 타법' 사용자였다. 타이핑도 느렸고, 웹 제작이나 광고에 대한 지식은 1도 없었다. 그야말로 디지털 창업과는 거리가 먼 사람이었다. 하지만 오히려 그것이 내 첫걸음을 가능하게 만들었다. 아무것도 모르니 겁날 것도 없었고, 그래서 무작정 시작할 수 있었다.

처음엔 마케팅부터 파고들었다. 무엇이든 되는 걸 찾기 위해 매일 실험했고, 밤새 광고 데이터를 보며 분석했다. 시행착오가 쌓이면서 그 누구도 쉽게 흉내 낼 수 없는 실행 중심의 마케팅 노하우가 쌓였다. 그리고 마케팅이 '코딩'이라는 무기를 만나면서 완전히 다른 속도가 붙기 시작했다. 그 누구의 도움도 없이, 나 혼자서 웹사이트를 만들고, 퍼널을 자동화하고, 서비스를 출시할 수 있게 된 것이다.

지금 나는 AI와 GPT를 활용한 **'AI 바이브코딩'** 교육을 진행하며, 수많은 1인 창업가와 강사, 마케터, 디자이너에게 자신만의 디지털 자산을 만드는 방법을 가르치고 있다. 단순히 기술을 알려주는 것이 아니라, **기획 → 설계 → 실행 → 수익화** 전 과정을 AI와 함께 구현하는 방법을 전수하고 있다.

누구나 말한다.

"나도 코딩 몰라요."
"광고는 어려워요."
"디지털은 전문가들만 하는 거 아닌가요?"

나는 이 책을 통해 말하고 싶다.

"나도 그랬다. 하지만 지금은 나만의 시스템을 갖춘 창업자가 되었다."

마케팅도, 코딩도, AI도 처음이었던 나처럼
지금 시작하는 당신도 충분히 가능하다.
그것이 이 책이 당신에게 닿아야 할 이유다.

프롤로그

"절망을 돌파한 단 하나의 무기, 그리고 V.I.B.E 시스템의 시작"

나는 평범한 직장인이었다. 매일 아침 새벽같이 출근하고, 하루 12시간씩 일하면서 누구보다 성실하게 살아왔다. 아이가 태어난 그 해에도 예외는 없었다. 하지만 회사는 아무런 예고도 없이 나를 해고했다. "죄송합니다, 더 이상 같이 갈 수 없습니다. 퇴사해 주세요!" 그 말 한마디가 내 인생의 균열을 만들었다.

6개월 된 딸아이. 육아휴직 중인 아내. 외벌이. 텅 빈 통장과 줄줄이 청구되는 고정비. 병원비, 보험료, 대출금, 교육비, 생활비까지… 무너지지 않으려 애썼지만, 몸도 마음도 무너졌다. 스트레스로 평생 없던 피부질환까지 생겼고, 매주 병원을 전전하며 약에 의지하는 삶이 시작됐다.

그 시기 나는 이렇게 생각했다.

"나는 그냥 안 되는 사람인가?"

아니다. 안 되는 게 아니라, 아직 **되는 방법**을 못 찾은 거였다.

나는 가진 게 없었다. 학벌도, 인맥도, 자본도 없었다. 오직 하나, 지갑 속에 들어 있던 **꿈을 적은 메모지** 하나만 있었다. 10년 전부터 줄곧 갖고 다닌 그 종이를 보며 나는 다짐했다. 반드시 이 현실을 벗어나겠다고. 내가족을 지키겠다고.

그 다짐 하나로 나는 다시 책상 앞에 앉았다. 유료, 무료 가리지 않고 모든 지식 창업 콘텐츠를 탐독했다. 전자책, 유튜브, 쇼핑몰, 블로그, 제휴 마케팅, 워드프레스, 퍼널 마케팅… 닥치는 대로 배우고, 밤새 실행했다. 하루 3~4시간 자며 1년 365일 일만 했다. 남들이 노는 시간에 나는 자료를 만들고, 스크립트를 쓰고, 클릭을 실험했다.

그러나 결과는 차가웠다.

수익은 없고, 지출만 쌓였다.

나는 또 좌절했고, 또 무너졌다.

그러던 어느 날, 우연히 접한 **AI 바이브코딩**이 나를 다시 일으켜 세웠다.

이미 해외에서는 이 도구들을 통해 수많은 1인 창업가들이 실제 서비스를 런칭하고 있었다. 언어의 장벽 때문에 국내에선 거의 알려지지 않았던 그 방식이, 내 눈엔 '기회'로 보였다.

'전문가 없이, 코딩 없이, 단 한 명의 팀원 없이 서비스를 만들 수 있다면?'

'이게 진짜라면, 지금까지 내가 실패했던 이유를 단번에 바꿀 수 있지 않을까?'

그날 이후, 나는 바이브코딩의 모든 구조를 파고들었다. 해외의 실전 사례, 고수들의 강의, 숨겨진 도구들까지 분석했다. 그리고 내가 지금까지 겪었던 모든 실패 경험과 수많은 시행착오를, 바이브코딩이라는 무기 위에 다시 얹었다.

결국 나는 그 안에서

속도, 개선, 런칭이라는 3가지 키워드를 추출했고,

이것을 **V.I.B.E 시스템**이라는 이름으로 정리했다.

지금 나는 내가 만든 바이브코딩 시스템을 통해

홈페이지 제작, 퍼널 마케팅, 자동화 시스템, 유튜브 운영, 도서 출간, 심지어 온라인 강의까지 원하는 모든 건!

혼자서, 빠르게, 자유롭게 실행하고 있다.

한때는 아무것도 되지 않던 내가,

이제는 다른 사람의 프로젝트까지 돕고 있다.

그래서 나는 이 책을 쓴다.

나처럼, 지금 힘든 누군가에게 이 무기를 전하고 싶어서.

이 책엔 거창한 이론이 없다. 코딩을 말하는 책이지만 실제 코드는 본문에 딱 한 번 한 줄 나오니 안심해도 된다.

실패를 거쳐 완성된 실제 구조와, 내가 매일 쓰는 도구와 방법, 그리고 그 안에서 나온 성공의 흐름이 담겨 있다. 초보자도 할 수 있도록 구성했고, 지금 당장 실행할 수 있도록 정리했다.

읽고 나면 알게 될 것이다.

지금 당장은 무기력이지만, 누구나 디지털 시대의 창업자가 될 수 있다는 것.

단지, 방법을 몰랐을 뿐이라는 것.

지금 막 코딩 민주화가 시작되었다! 1인 개발시대!

이제 당신도 이 책을 통해

당신만의 V.I.B.E를 설계할 차례다.

목차

저자 소개   004
프롤로그   006

1   AI 바이브코딩의 새로운 시대

1) 디지털 시대의 1인 지식창업가의 도전   014
2) 왜 지금 AI 바이브코딩인가?   021
3) 코딩 없이 AI로 비즈니스 구축하기   033
4) 이 책의 사용법과 기대효과   045
5) 바이브코딩 여정을 시작하는 방법   057

2   바이브코딩으로 변화를 만든 사람들

1) 1인 출판사가 AI로 글로벌 시장에 진출한 이야기   070
2) 취미에서 사업으로: 바이브코딩으로 취미를 수익화한 사례   074
3) 교육자가 만든 AI 기반 학습 플랫폼   078
4) 지역 비즈니스의 디지털 전환 성공기   082
5) 초보자가 6개월 만에 앱을 출시한 여정   086

3 코딩의 장벽

1) 코딩 없이는 디지털 비즈니스가 불가능할까?   094
2) 기술적 한계가 창의성을 막는 순간들   104
3) 시간과 비용의 함정   109
4) 전문 개발자 의존의 문제점   118
5) 변화하는 시장에 빠르게 대응하지 못하는 이유   125

4 1인 창업가의 디지털 딜레마

1) 아이디어는 많은데 실행이 어려운 이유   134
2) 처음엔 쉬웠는데 나중에 고칠 수 없는 디지털 구조   144
3) 소규모 비즈니스의 기술 도입 장벽   153
4) 창의성과 실행력 사이의 간극   161
5) 왜 많은 디지털 프로젝트가 중단되는가?   169

5 AI 바이브코딩의 등장

1) AI가 바꾸는 코딩의 패러다임   178
2) 생각하는 대로 만들어지는 디지털 세상   182
3) AI 도구의 종류와 선택 방법   186
4) 바이브코딩의 기본 원리   190
5) 첫 번째 AI 프로젝트 시작하기   195

6 왜 바이브코딩인가?

1) 기존 노코드/로우코드 도구와의 차이점   200
2) AI의 창의적 협업 능력   204
3) 맞춤형 솔루션의 가능성   208
4) 확장성과 유연성의 균형   212
5) 지속가능한 디지털 비즈니스 구축   217

7 바이브코딩의 5가지 원칙

1) 빠른 서비스 런칭 MVP(Minimum Viable Product)   224
2) 반복적 개선(Iterative Enhancement)   229
3) 사용자 중심 설계(User-Centered Design)   234
4) 창의적 문제해결(Creative Problem-Solving)   239
5) 지속가능한 확장(Sustainable Scaling)   244

8 바이브코딩 사용방법: 첫걸음 떼기

1) 바이브코딩을 위한 준비: 필요한 도구와 마인드셋   250
2) 아이디어에서 프로토타입까지의 과정   252
3) AI와의 효과적인 협업 방법   254
4) 일반적인 오류와 해결 방법   256
5) 첫 프로젝트 성공을 위한 체크리스트   259

9 실전 바이브코딩 프로젝트

1) 웹사이트 만들기: 코딩 없이 나만의 온라인 공간   262
2) 자동화 시스템: 반복 작업에서 벗어나기   265
3) 디지털 제품 개발하기   268
4) 온라인 마케팅 도구 구축하기   272

10 바이브시스템이란? 지속가능한 성장의 비밀

1) 하루만에 서비스 완성하기   278
2) 기능과 디자인 고도화하기   281
3) 배포 및 공유하기   285
4) 바이브시스템으로 비즈니스 가치 극대화하기   289

11 AI 바이브코딩의 다음 단계

1) 기술 발전에 따른 바이브코딩의 진화   294
2) 미래 기술 트렌드와 준비 방법   297
3) 평생 학습자로서의 마인드셋   301
4) 바이브코딩 커뮤니티와 함께 성장하기   305
5) 당신만의 디지털 혁신 로드맵 만들기   308

맺음말   313

1

AI 바이브코딩의 새로운 시대

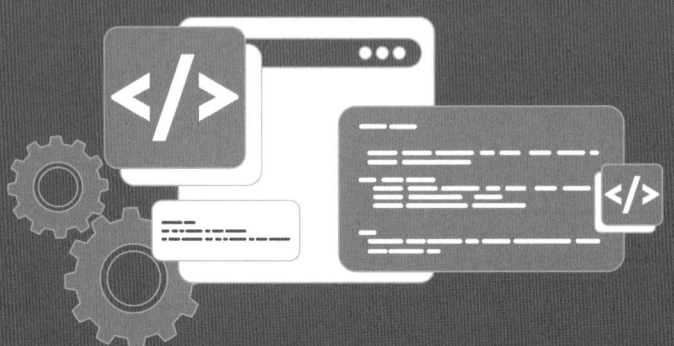

1) 디지털 시대의 1인 지식창업가의 도전

디지털 기술은 세상을 완전히 바꿔 놓았다. 그중 가장 큰 변화는, 정보 생산과 유통의 중심이 기업에서 개인으로 넘어왔다는 것이다. 예전에는 책을 내거나 콘텐츠를 만드는 데 거대한 조직과 자본이 필요했지만, 지금은 한 명의 개인이 스마트폰 하나로 수십만 명에게 자신의 메시지를 전달할 수 있는 시대다. 유튜브, 인스타그램, 블로그, 전자책 플랫폼, 팟캐스트, 온라인 클래스 등은 모두 지식과 경험을 가진 개인이 자신의 생각을 세상과 연결하는 도구가 되었다.

그렇다고 해서 모두가 그 기회를 잘 활용하고 있는 것은 아니다. 수많은 사람들이 디지털 창업, 1인 크리에이터, 지식 IP 사업 등에 관심을 갖지만 실제로 행동에 옮기고 성과를 내는 사람은 극소수다. 대부분은 '해야 하는 건 알겠는데…'라는 말로 시작해서, 몇 번 시도하다가 멈춘다. 기술이 없어서, 시간이 없어서, 방향을 몰라서, 너무 많아서. 결국 '지식'보다 더 중요한 것은 **실행 가능한 시스템**이라는 것을 뒤늦게 깨닫는다.

실행이 안 되는 가장 큰 이유는 구조의 부재다. 열정만으로는 지속할 수 없다. 하루 두세 개의 포스팅을 하던 사람도 일주일이 지나면 벽에 부딪힌다. 무엇을 쓸지 모르겠고, 써도 반응이 없다. 결국은 '내가 해도 될까?'

라는 회의감에 빠지게 된다. 이 시점에서 필요한 것이 바로 **AI 기반 시스템화**다. 창작의 시작부터 마무리까지 반복 가능한 루틴과 효율적인 도구가 있어야 지식창업이 '사업'이 된다.

지식창업은 결국 '반복 가능한 가치를 만드는 일'이다. 콘텐츠 하나 잘 만드는 것으로는 부족하다. 한 번 잘한 것을 열 번, 백 번 반복할 수 있어야 비즈니스가 된다. 그런데 반복은 대부분 지루하고 고되다. 기획, 제작, 편집, 배포, 마케팅까지 전부 스스로 해야 하는 1인 창업가는 체력과 시간의 한계를 느낄 수밖에 없다. 이럴 때 사람들이 찾는 것이 외주다. 하지만 예산이 부족하거나, 원하는 퀄리티가 안 나오거나, 커뮤니케이션이 힘들다는 이유로 외주조차 쉽지 않다.

그 대안으로 떠오른 것이 '노코드'와 '자동화 도구'였다. 처음에는 획기적인 솔루션처럼 보였다. 클릭 몇 번으로 웹사이트를 만들고, 이메일을 자동으로 보내고, 결제 시스템까지 구축할 수 있었다. 하지만 문제는 여전히 남아 있었다. 노코드 도구는 제한적이었다. 정해진 기능 안에서만 움직여야 했고, 커스터마이징이 어려웠다. 자동화는 초기에 세팅하기가 어렵고, 조금만 환경이 바뀌면 다시 손을 봐야 했다. 결국 본질은 해결되지 않았다. 여전히 창작과 반복은 사람의 몫이었다.

여기서 AI는 게임 체인저가 된다. 단순히 일을 '대신' 해 주는 것이 아니라, 창작 자체의 패러다임을 바꾼다. 글을 써주는 AI, 이미지를 만들어 주는 AI, 영상 편집을 돕는 AI, 마케팅 자동화를 지원하는 AI까지 다양한 분야에서 개인의 역량을 증폭시켜 준다. 이전까지는 두세 명이 팀을 꾸려서 해야 했던 일들이 이제 혼자서도 가능해졌다. 중요한 건 기술을 아는 것이 아니라, 그 기술을 어떻게 활용할지를 아는 것이다.

많은 사람들이 AI를 어려워한다. 거창한 기술처럼 보이고, 특정한 전문가만 쓸 수 있다고 생각한다. 하지만 지금의 AI는 다르다. 사용자는 단순히 명령어(프롬프트)를 입력하고, 원하는 결과물을 받아 보기만 하면 된다. 오히려 중요한 건 '어떻게 질문할 것인가', '어떤 작업을 자동화할 것인가', 'AI의 결과물을 어떻게 내 비즈니스에 연결할 것인가'다. 다시 말해, **핵심은 기술이 아니라 설계**다.

1인 지식창업가가 갖춰야 할 역량은 크게 세 가지다. 첫째, 콘텐츠 생산 능력. 둘째, 수익 구조를 설계하는 능력. 셋째, 이를 지속 가능하게 만들기 위한 시스템화 능력. 이 세 가지가 동시에 돌아가야 창업은 유지된다. 그런데 현실은 다르다. 대부분은 첫 번째에서 멈춘다. 콘텐츠 몇 개 만들어 보다가, 반응이 없으면 접는다. 혹은 두 번째, 돈 되는 걸 모르겠다는 이유로 좌절한다. 그리고 세 번째, 시스템이 없어서 매번 '초심'으로 다시 시작하게 된다. 여기에 시간과 체력이 소모되며 창업의 에너지는 바닥난다.

그래서 중요한 것이 AI 기반의 자동화 시스템이다. 콘텐츠 아이디어 기획부터 초안 작성, 시각자료 생성, 영상 편집, 마케팅 배포, 고객 응대까지. 이 모든 과정이 AI를 통해 루틴화되면 창업가는 전략과 방향에 집중할 수 있다. 특히 지식 기반 비즈니스는 콘텐츠를 만들고, 반복해서 노출하고, 그 안에서 수익 구조를 만드는 일이 전부다. 반복 가능한 시스템을 먼저 만들면 시간은 자연스럽게 절약된다. 하루에 두세 시간만 투자해도 하나의 사업이 굴러간다.

여기서 핵심은 '바이브코딩'이다. 바이브코딩은 단순히 AI 도구를 쓰는 것을 말하지 않는다. AI를 '코딩하듯' 구성하고 연결해 나만의 자동화 창작 시스템을 만드는 방식이다. 다시 말해, 일회성 사용이 아니라 **내 작업의 흐름을 디자인하는 사고방식**이다. 어떤 순서로 콘텐츠를 만들고, 어떤 도구를 거쳐, 어디로 배포되고, 어떻게 데이터가 쌓이며, 어떤 부분을 자동화할지를 구체적으로 설계하는 것. 이게 바이브코딩의 핵심이다.

많은 초보 창업가들이 실수하는 지점이 있다. 바로 모든 것을 '처음부터 직접 하려고' 한다는 점이다. 콘텐츠도 직접 만들고, 디자인도 직접 하고, 웹사이트도 직접 개발하려 한다. 심지어 마케팅 문구 하나도 직접 짜야 한다는 부담감을 느낀다. 하지만 이건 오히려 독이 된다. 에너지는 한정되어 있고, 방향성이 없으면 금방 소진된다. 중요한 건 '완벽하게 잘하는 것'이 아니라, '계속 만들어내는 것'이다.

여기서 AI의 가치가 다시 빛을 발한다. 예를 들어, 당신이 자기계발에 대한 전자책을 만들고 싶다고 하자. 기존 방식이라면 기획부터 원고 작성, 편집, 디자인, 업로드까지 최소 몇 주가 걸릴 수 있다. 하지만 AI와 바이브코딩을 활용하면 첫 아이디어부터 목차 구성, 샘플 원고 생성, 표지 디자인 초안까지 하루 만에 가능하다. 심지어 광고 문구나 SNS 콘텐츠도 함께 만들 수 있다. 이건 단순히 '빨라졌다'는 수준이 아니다. 사업 진입 장벽이 사라졌다는 의미다.

또 다른 사례를 보자. A라는 교육자는 학원 수강생이 줄면서 온라인 전환을 고민하고 있었다. 문제는 웹사이트를 만들 줄도, 온라인 콘텐츠를 촬영할 여건도 없다는 점이었다. 하지만 AI를 활용한 바이브코딩 방식으로 간단한 노션 기반 홈페이지를 만들고, 수업 노트를 전자책 형태로 변환해 판매했다. 홍보는 AI가 만든 포스터와 카피 문구로 SNS에 노출시켰다. 결국 오프라인 강의 1회 수입의 3배 이상을 온라인에서 벌어들이는 데 성공했다.

이처럼 바이브코딩은 '도구'가 아니라 '방법론'이다. 기존 방식과의 차이는 명확하다. 과거엔 문제를 만나면 전문가를 찾아야 했다. 지금은 문제를 만나면 AI에게 먼저 묻는다. "이 아이디어로 수익 모델을 만들 수 있을까?", "이 주제로 블로그 콘텐츠를 써 줘", "이 제품에 대한 후기 3개만 만들어 줘" 같은 요청이 가능해진 것이다. 결국 생산성의 차이가 사업의 격차로 이어진다.

그렇다면 왜 지금, 바로 이 시점에 지식창업을 시작해야 할까? 세 가지 이유가 있다.

첫째, 시장이 초기다. 많은 사람들이 AI, GPT, 자동화 시스템에 대해 듣긴 했지만 실제로 제대로 활용하는 사람은 극소수다. 대부분은 '와 신기하다' 수준에 머무르고 실전에 적용하지 않는다. 그렇기 때문에 지금 시작하면 '이걸 잘 다루는 사람'이 되는 것만으로도 브랜드 가치가 생긴다. 콘텐츠를 잘 만들거나, 도구를 연결하는 것 자체가 포지셔닝이 되는 시기다.

둘째, 경쟁이 약하다. AI를 잘 활용하는 사람은 늘어나고 있지만, 그것을 실제로 '비즈니스 구조로 연결하는 사람'은 드물다. 정보는 많지만, 설계 능력은 여전히 희소하다. 지금이야말로 AI를 무기로 자신만의 구조를 만들고, 시장의 틈새를 선점할 수 있는 적기다.

셋째, 수익화 속도가 빠르다. 예전에는 유튜브 구독자 10만 명이 되어야 광고 수익이 생겼고, 블로그도 몇 년을 운영해야 수익이 났다. 지금은 다르다. 전자책 하나로 1주일 만에 첫 수익을 낼 수 있고, 챗봇 하나로 온라인 상담을 자동화하며 매출을 올릴 수 있다. 초기 진입 비용과 시간이 크게 줄어들면서 창업 속도 자체가 바뀌었다.

이 모든 기반에는 바이브코딩이 있다. AI를 중심으로 콘텐츠 제작, 고객 응대, 마케팅, 수익 구조까지 연결된 자동화 생태계. 이걸 잘 구성하면 '1인 기업'이 아니라 '혼자 움직이는 회사'가 된다. 그리고 이 구조는 반복할 수 있다. 다른 아이템, 다른 브랜드로도 응용 가능하다.

여기까지 듣고 나면 의문이 생긴다. "그래도 나는 기술을 잘 몰라서 시작이 어렵다." 이 말은 당연하다. 하지만 그래서 이 책이 존재한다. 기술이 필요한 시대가 아니라 **도구를 이해하고 방향을 설계할 줄 아는 사람**이 필요한 시대다.

바이브코딩은 코딩 지식이 없어도 된다. 기본 원리는 간단하다.

1. 내가 하고자 하는 일의 흐름을 쪼갠다.
2. 반복되는 업무를 찾는다.
3. 이 반복을 AI 도구로 연결한다.
4. 연결된 흐름을 자동화한다.
5. 데이터를 수집하고, 개선점을 찾는다.

이 5단계만 익히면 어떤 사업 아이템에도 적용할 수 있다. 콘텐츠 비즈니스, 교육, 컨설팅, 온라인샵, 커뮤니티 등 모두 가능하다. 중요한 건 '프롬프트'의 작성력과 '구조화'의 능력이다. AI는 명령을 잘 해석하지만, 명령이 추상적이면 결과도 추상적이다. 그래서 바이브코딩은 AI에게 "내가 원하는 것을 구체적으로 설명하고 결과를 받아보는 훈련"이다.

처음엔 어렵게 느껴질 수 있다. 하지만 반복하면 익숙해진다. 하루 30분, 일주일만 연습해도 대부분의 작업 흐름이 자동화 가능하다는 것을 알게 될 것이다. 중요한 건 '지금' 시작하는 것이다.

디지털 시대는 역설적이다. 모두가 기회를 갖게 되었지만, 대부분은 기회를 흘려보낸다. 정보는 넘치고, 도구는 흔하다. 하지만 실제로 실행에 옮기고, 구조를 설계해 결과를 만들어내는 사람은 소수다. 그리고 그 소수는 앞으로 더 큰 격차를 만든다.

이 책은 단순한 지침서가 아니다. AI 도구 설명서도 아니다. 이 책은 창업가의 마인드, 시스템을 바라보는 방식, 구조화된 사고를 익히는 실전 매뉴얼이다. 지금 이 순간에도 누군가는 AI를 활용해 하루에 전자책 하나를 만들고, 자동으로 콘텐츠를 배포하고, 그 흐름 안에서 돈을 벌고 있다. 당신도 그 주인공이 될 수 있다.

지금은 기술을 배우는 시대가 아니다. 기술을 어떻게 내 방식으로 '재배열'하느냐가 더 중요한 시대다. 당신이 가진 지식과 경험, 아이디어는 단 하나뿐인 자산이다. 여기에 AI를 연결하면 하나의 제품이 되고, 브랜드가 되고, 수익이 된다. 이 책이 그 출발점이 되길 바란다.

그리고 지금부터, 바이브코딩의 여정이 시작된다.

2) 왜 지금 AI 바이브코딩인가?

AI는 이미 우리 곁에 와 있다. 하지만 진짜 중요한 질문은 '왜 지금 AI 바이브코딩인가'다. 단순히 AI가 핫해서가 아니다. 지금 이 순간이 아니면 안 되는 이유가 분명히 존재하기 때문이다. 이 챕터에서 우리는 그 이유를 기술적 흐름, 시장의 변화, 개인의 기회라는 세 가지 관점에서 살펴볼 것이다.

첫째, 기술 흐름. GPT, 미드저니, 클로드, 퍼블릭 AI API 등 AI 기술은 지금도 실시간으로 진화하고 있다. 그 속도는 일반인이 따라가기 어려울 만큼 빠르다. 예전에는 어떤 기술이 나와도 시장에 적용되기까지 3~5년의 시간이 필요했지만, 지금은 출시 3개월이면 전 세계 사용자가 실무에 적용한다. 기술 격차가 '선점자'와 '방관자'를 나누는 결정적 기준이 된 것이다. GPT가 처음 나왔을 때 대부분은 "신기하다"로 끝냈고, 일부는 그걸 사업으로 연결했다. 지금 바이브코딩을 시작한다는 건, 바로 그 사업 연결의 선두에 서는 일이다.

둘째, 시장의 변화. 전통적인 창업 방식이 무너지고 있다. 과거에는 창업하면 먼저 오프라인 점포나 법인을 생각했다. 지금은 노션 하나, 전자책 하나, 이메일 뉴스레터 하나로도 수익이 나온다. 소비자들은 브랜드보다 사람을 믿고, 대형 플랫폼보다 '잘 정리된 1인 콘텐츠'에 더 반응한다. 나만의 콘텐츠, 나만의 방법론, 나만의 제품이 하나라도 있다면 그것만으로 창업이 가능하다. 이 구조에서 가장 중요한 건 '속도'다. 누가 더 빨리, 자주, 꾸준히 콘텐츠를 만들어내느냐가 수익의 크기를 결정한다. 바이브코딩은 바로 이 '속도'를 만들어 주는 핵심 기술이다.

셋째, 개인의 기회. 지금은 어느 때보다 개인에게 기회가 열린 시기다. AI 덕분에 이제 콘텐츠 생산, 유통, 홍보, 관리까지 대부분의 작업을 혼자서 해낼 수 있게 됐다. 하지만 이건 기술을 '쓸 줄 아는 사람'에게만 해당되는 말이다. 바이브코딩은 그 기술을 단순 사용이 아닌 '구조화'로 끌어올린다. 단순히 GPT에 질문하는 수준을 넘어서, 일의 흐름을 짜고, 도구를 연결하고, 자동화 루틴을 만들 수 있는 사람. 바로 그 사람이 시장을 선점한다. 이건 단순한 트렌드가 아니라, 구조적인 격차다.

지금은 단순히 AI를 체험하는 시대가 아니라 **AI를 내 방식으로 통제하고 구조화하는 시대**다. 더 이상 "이거 신기하다"에서 멈출 수 없다. 바이브코딩은 이제 선택이 아니라 필수다. 이걸 먼저 아는 사람이 기회를 잡는다.

'AI를 쓴다'와 'AI를 사업에 적용한다'는 전혀 다른 이야기다. 대부분은 AI를 툴처럼 사용한다. 글을 요약하거나, 썸네일 문구를 만들거나, 아이디어가 막힐 때 참고하는 정도다. 하지만 여기서 수익을 만들어내는 사람들은 다르다. 이들은 AI를 단순한 도구가 아니라 **비즈니스 파트너**로 사용한다. 하루의 작업 흐름 전체를 AI와 함께 구성하고, 자동화할 수 있는 일은 모두 AI에게 넘긴다. 핵심은 작업 자체가 아니라 **작업의 구조를 설계하는 힘**이다.

바이브코딩은 바로 그 구조 설계에 특화된 방법론이다. 단순히 "GPT에게 글 써 달라"고 요청하는 것을 넘어서, 어떤 콘텐츠가 언제, 누구에게, 어떤 채널로 가야 수익으로 연결되는지를 전체적으로 그려낸다. 그리고 그 흐름 속에서 AI가 어떤 역할을 하고, 어디까지 자동화할 수 있는지를 단계별로 짠다. 즉, 바이브코딩은 **창작의 흐름을 프로그래밍하듯 설계하는 사고방식**이다.

예를 들어 보자. 당신이 전자책을 쓰고 있다고 가정하자. 기존 방식이라면:

- 아이디어 정리
- 목차 구성
- 초안 작성
- 퇴고
- 표지 제작
- 플랫폼 등록
- SNS 홍보
- 후기 수집

이 모든 과정을 수작업으로 해야 한다. 시간이 오래 걸리고, 중간에 지치면 포기하기 쉽다. 하지만 바이브코딩은 이 흐름을 AI와 연결한다:

- 아이디어를 GPT에게 뽑게 하고
- 목차와 제목을 추천받고

- 챕터별 초안을 뽑아
- 문장 퇴고도 AI에게 시키고
- 미드저니나 디자이너 AI로 표지를 만든다
- 업로드 문구도 생성하고
- SNS용 요약 카드뉴스도 자동으로 만들어 게시 예약을 걸 수 있다

여기서 중요한 건 도구 그 자체가 아니라 **흐름의 일관성**이다. 이 전체 과정을 '반복 가능한 시스템'으로 만든 사람은, 매달 새로운 전자책을 출간하거나, 유사한 프로젝트를 1시간 안에 구성할 수 있다. 반대로 이 흐름을 모르는 사람은, 매번 처음부터 헤매게 된다. 이 차이가 시간이 갈수록 '돈'의 차이로 바뀐다.

바이브코딩을 지금 배워야 하는 이유는 바로 이것이다.

이건 단순한 생산성의 문제가 아니라 **생존의 문제**가 되어가고 있다.

이 시점에서 한 가지 물어야 할 질문이 있다.

"왜 사람들은 AI를 사용할 수 있는데도 여전히 지식창업에 실패할까?"

정답은 간단하다. '작업은 하되, 시스템이 없다.'

즉흥적으로 GPT에 물어보고, 블로그 글을 한두 개 써 보고, 전자책도 만들어 보지만 그것이 하나의 흐름으로 연결되지 않는다. 반복할 수 있는 구조가 없고, 데이터를 모아서 개선할 틀도 없다. 그냥 그때그때 시도하는 수준이다. 그래서 시간이 지나도 결과가 누적되지 않고, 매번 처음처럼 고생하게 된다.

AI는 반복에 강한 기술이다. 같은 조건을 주면, 같은 결과를 내준다. 이

건 1인 창업가에게 가장 강력한 무기다. 매일 같은 콘텐츠 포맷을 만들고, 같은 절차로 배포하고, 같은 분석 지표를 뽑아낼 수 있다면 비즈니스는 점점 정교해진다. 하지만 이 반복이 사람 손에만 의존하면 결국 지치게 된다. 바이브코딩은 이 반복을 **자동화하고 체계화하는 프레임**이다.

또 하나, 중요한 차별점이 있다.

바이브코딩은 '기능 중심'이 아니다.

많은 사람들이 자동화를 할 때 기능을 먼저 본다. "이 도구는 어떤 걸 할 수 있지?", "이거는 유튜브 편집이 되나?", "이건 SNS 예약이 가능해?" 이런 식이다. 하지만 바이브코딩은 흐름을 먼저 본다. "내가 하루 동안 하는 일 중, 자동화할 수 있는 건 뭘까?", "이걸 반복하려면 어떤 순서로 구성해야 할까?" 이런 질문이 먼저다. 기능은 그다음이다.

예를 들어, A라는 1인 교육 사업자가 있다고 하자. 그는 매주 1편의 뉴스레터를 쓰고, 강의 홍보 콘텐츠를 만들고, 상담 문의를 수집해서 수강 연결로 이어지게 한다. 이 일련의 작업을 매번 혼자서 한다면 1주일 중 거의 2~3일이 콘텐츠 작업에 쓰일 것이다. 하지만 바이브코딩을 적용하면 이런 흐름이 가능해진다:

- AI가 전 주의 강의 내용을 요약해서 블로그용 글을 작성
- 블로그 글을 바탕으로 SNS용 짧은 카드뉴스 3개 자동 생성
- 카드뉴스에 링크가 삽입되어 신청 페이지로 연결
- 신청 페이지는 AI 챗봇이 연결되어 상담 대응
- 상담 후 자동 알림이 메일로 전송되고, 수강 여부에 따라 분기

이 흐름이 한 번만 세팅되면, 창업가는 '콘텐츠를 만들지 않고도 콘텐츠를 운영할 수 있게' 된다. 이게 바이브코딩의 진짜 가치다. 혼자 일하지만, 마치 팀이 움직이는 것처럼 일하는 구조. 이게 만들어지면 그 사람은 앞으로 어떤 아이템을 다루든 계속 이 시스템 위에서 새로운 사업을 시작할 수 있다.

바이브코딩은 단순히 효율을 높이는 게 아니라, **창업가의 생존 확률을 높인다.**

바이브코딩이 필요한 이유는 단순한 '도움' 때문이 아니다.

이제는 이 방식 없이는 콘텐츠 기반 창업을 **유지하는 것 자체가 어려워졌기 때문**이다.

오늘날 1인 창업가가 감당해야 할 작업량은 상상을 초월한다. 블로그 관리, 인스타그램 운영, 유튜브 편집, 카카오 채널 상담, 전자책 출간, 수강생 대응, 결제 시스템 확인, 이메일 마케팅 등. 이 모든 걸 혼자서 한다는 건 불가능에 가깝다. 문제는, 그럼에도 불구하고 "혼자서 해야 한다"는 사실이다.

현실적으로 외주를 쓰기엔 비용 부담이 크고, 전문 파트너를 구하기도 어렵다. 그래서 대부분은 스스로 모든 걸 처리하려 한다. 결국 시간은 부족하고, 품질은 떨어지고, 성과는 미미하다. 이 악순환은 오래가지 못한다. 여기서 필요한 것이 '사람의 수'를 늘리는 것이 아니라 '시스템의 개입'을 늘리는 것이다. 그리고 그 시스템이 바로 **AI 기반 자동화**다.

그렇다고 모든 걸 자동화하라는 말은 아니다. 오히려 바이브코딩은 '무조건 자동화'가 아니라 **'적절한 분리'와 '의도적인 선택'을 강조한다.**

무슨 말이냐면, AI가 더 잘할 수 있는 일은 과감히 맡기고, 사람이 해야 할 창의적 판단과 감성적인 결정은 사람이 한다는 의미다.

예를 들어, 제품 설명을 초안부터 직접 쓰는 데 2시간 걸리던 작업을 AI에게 맡기고, 나는 그 결과물 중 가장 내 철학에 맞는 문장을 선택하고 수정하는 데 15분을 쓴다. 이 1시간 45분의 절약이 반복되면, 창업가는 '생각'에 더 많은 시간을 투자할 수 있게 된다.

더 중요한 건, 이 구조가 '한 번 설정하면 끝나는 시스템'이라는 것이다. 바이브코딩은 매번 새롭게 구축할 필요가 없다. 한 번 설계하면 그대로 계속 돌릴 수 있고, 필요할 때 조금씩 수정하며 고도화하면 된다. 일종의 **디지털 생산 공장**을 만들어내는 셈이다. 마케팅 루틴, 콘텐츠 제작 루틴, 고객 응대 루틴 등 이 공장은 하루 24시간 쉬지 않고 돌아간다.

그리고 이게 바로 1인 창업가가 기업과 경쟁할 수 있는 유일한 방법이다. 대기업처럼 예산이 많은 것도 아니고, 팀원이 많은 것도 아니지만, 'AI+시스템'을 통해 **혼자서도 3~5인 규모의 생산성을 발휘할 수 있다.** 바이브코딩은 그 기반을 만들어 주는 설계 도구다.

이제는 단순히 "어떻게 시작할까?"가 아니라
"어떻게 반복하고 확장할까?"의 시대다.

바이브코딩이 지금 필요한 또 하나의 결정적인 이유는 **시장의 포화다.**
콘텐츠, 전자책, 클래스, 블로그, 유튜브, 어디를 가든 이미 비슷한 주제를 다루는 사람들이 많다.

이 상황에서 '차별화'가 되지 않으면 주목받기 어렵다. 그런데 대부분의 사람들은 차별화를 '새로운 아이디어'에서 찾는다. 하지만 진짜 차별화는 **속도와 실행력**에서 나온다.

모두가 비슷한 아이디어를 가지고 있지만, 누구보다 빠르게 콘텐츠를 만들고, 실험하고, 피드백을 받고, 다시 개선하는 사람만이 살아남는다. 이건 단순히 '빠르다'는 의미가 아니라 '학습 속도'의 차이다. 바이브코딩을 활용하면 어떤 콘텐츠든 기획에서 배포까지 하루 안에 끝낼 수 있다. 그리고 다음 날에는 그 데이터를 기반으로 새로운 버전을 만들 수 있다. 1주일이면 남들이 1개월 걸릴 실험을 끝낼 수 있다.

예를 들어, 마케팅 실험을 해 보자. 일반적인 방식이라면:

- 콘텐츠 제작 (1일)
- 배포용 디자인 (1일)
- SNS 업로드 (1일)
- 반응 분석 (1일)
- 다음 콘텐츠 제작 (또 1일)

이렇게 하나의 실험 루프가 5일이 걸린다. 그런데 바이브코딩 시스템에서는 이 흐름이 다음과 같이 줄어든다:

- GPT로 콘텐츠 초안 생성 (30분)
- Canva나 Midjourney로 이미지 자동 생성 (15분)
- 배포 문구 자동 작성 (10분)
- SNS 자동 업로드 예약 (5분)
- 실시간 반응 확인 & 자동 정리 (다음 날 10분)

기존 5일 → 1일로 줄어드는 이 차이는 단순한 '효율'의 문제가 아니다.
시장에서 4배 더 빠르게 학습하고, 4배 더 많이 시도할 수 있다는 뜻이다.

이건 특히 콘텐츠가 곧 브랜드인 창업자에게 치명적인 격차를 만든다.

같은 1개월이라도, 어떤 사람은 4개의 실험을 하고, 어떤 사람은 16개의 실험을 한다.

당연히 뒤의 사람은 더 빨리 '성공하는 공식'을 찾아낸다.

이게 바로 AI 바이브코딩이 만들어내는 경쟁력이다.

그리고 그 격차는 하루 이틀로는 체감되지 않는다.

3개월, 6개월, 1년이 지나면, 두 사람은 완전히 다른 시장에 살게 된다.

AI 바이브코딩이 중요한 이유는 단순히 '빠르고 편해서'가 아니다.

진짜 중요한 건 **지속 가능성**이다.

모든 창업 아이디어는 시간이 지나면 '소모'된다.

열정은 식고, 콘텐츠는 질리고, 시장은 변한다.

이런 상황에서 살아남는 사람은 매번 새로운 아이템을 발굴하거나, **자기 브랜드를 확장시킬 수 있는 구조를 갖춘 사람**이다.

바이브코딩은 바로 이 '구조'를 만든다.

내가 쌓은 콘텐츠 하나하나가 자동으로 저장되고, 리패키징되고, 재활용될 수 있다.

예를 들어 유튜브 영상 하나를 만들면, 그걸 바탕으로:

- 블로그 글 3편
- 인스타그램 카드뉴스 4장
- 전자책 일부 챕터

- 이메일 마케팅 콘텐츠
- 유료 강의 예고편

으로 변환할 수 있다. 그리고 이 모든 변환 과정은 **AI 도구와 간단한 매크로 설정만으로 반복 가능하다.**

이건 단순히 생산성을 높이는 걸 넘어, **하나의 콘텐츠가 사업 자산이 되는 방식**이다.

즉, 매번 처음부터 뭔가 새롭게 '창작'하지 않아도 된다는 뜻이다.

오히려 기존 자산을 끊임없이 가공하고 배포하면서 **브랜드는 강화되고, 수익은 누적**된다.

또 하나 중요한 점은 바이브코딩은 **초보자에게 특히 강력한 무기**라는 점이다.

창업 초기엔 누구나 시행착오가 많다.

하지만 AI를 기반으로 한 시스템은 시행착오를 빠르게 줄여 준다.

실패한 콘텐츠를 복기하고, 어떤 표현이 더 잘 먹히는지 분석하고, 더 나은 기획을 도출하는 과정까지 AI가 함께 하기 때문이다.

이건 마치 초보 창업가에게 **경험 많은 멘토와 작업 파트너를 동시에 붙여 주는 효과**다.

혼자서 10번 실패해야 얻을 깨달음을, AI와 함께라면 3번 만에 얻을 수 있다.

그리고 무엇보다 중요한 건,

바이브코딩은 시간이 지날수록 **복리처럼 작동한다.**

처음에는 하나하나 손이 가지만, 1개월, 3개월, 6개월이 지나면 내가 만든 루틴과 자동화 시스템이 점점 고도화되고, 속도는 빨라지며, 수익은 안정된다.

이건 절대 단기적인 기법이 아니다.

장기적이고 지속 가능한 1인 창업 시스템을 만드는 기술이다.

여기까지 읽은 당신은 이제 알았을 것이다.

AI 바이브코딩은 단순한 트렌드가 아니다.

이건 디지털 시대 1인 창업가가 가져야 할 '새로운 기본 역량'이다.

더 이상 '코딩을 모른다', '마케팅을 할 줄 모른다', '시간이 없다'는 말은 변명이 되지 않는다.

그 모든 문제를 기술이, 정확히는 **AI 시스템이 해결할 수 있는 시대이기 때문이다.**

문제는 정보가 아니라 **판단과 설계**다.

수많은 도구가 있고, 누구나 GPT를 켤 수 있다.

하지만 실제로 이 도구들을 비즈니스 구조로 연결하고, 루틴을 만들고, 자동화를 구축하는 사람은 드물다.

그 차이가 1년 뒤, 5년 뒤 압도적인 결과 차이로 나타난다.

지금 당신이 가진 아이디어가 아무리 작아도 괜찮다.

오히려 아이디어가 작을수록 실험이 빠르고, 개선이 빠르다.

그리고 그 작은 실험을 반복하고 구조화하는 게 바로 바이브코딩의 본질이다.

창업을 할 것인가 말 것인가의 문제는 더 이상 중요하지 않다.

이미 당신은 콘텐츠를 만들고 있고, 정보를 발신하고 있고, 어떤 방식으로든 '자기 사업'의 초안을 구성하고 있다.

다만 그것을 **제대로 연결하고, 반복하고, 성장시키는 프레임이 없을 뿐이다.**

그 프레임이 바로 이 책이고, 이 책의 핵심이 바로 바이브코딩이다.

바이브코딩은 더 이상 '선택지'가 아니다.

지금 이 순간부터 당연히 갖춰야 할 창업의 기본 언어다.

누구보다 먼저 이 언어를 익히고, 실전에 적용하고, 자기만의 시스템으로 발전시키는 사람만이 디지털 창업 시장에서 진짜 브랜드, 진짜 수익, 진짜 자유를 얻게 될 것이다.

그 시작을 오늘부터 할 수 있다.

이 책과 함께라면, 이제는 혼자가 아니다.

3) 코딩 없이 AI로 비즈니스 구축하기

한때는 '코딩을 배워야 창업할 수 있다'는 말이 정답이었다.

서비스를 만들고 싶으면 개발자를 찾아야 했고, 웹사이트 하나만 만들어도 수백 수천만 원이 들었다.

기획은 할 수 있어도 구현은 '기술자'의 몫이었다. 이 간극은 많은 1인 창업가들에게 좌절을 안겼다.

하지만 지금은 다르다.

이제는 코딩을 몰라도, AI를 통해 아이디어를 바로 **서비스**로 만들 수 있는 시대가 됐다.

GPT, 미드저니, 노션, 피그마, 지피티스튜디오, 챗봇 빌더, 자동화 플랫폼들.

이런 AI 기반 도구들은 누구나 사용할 수 있고, 대부분 무료 혹은 저렴한 가격에 접근 가능하다.

가장 먼저 생각해 볼 수 있는 건 **콘텐츠 비즈니스**다.

전자책, 유료 뉴스레터, 온라인 클래스, 강의, 유튜브 영상 등은 모두 디지털 기반의 자산이다.

이들을 만드는 데 꼭 코딩이 필요하지 않다.

GPT에 아이디어를 정리해 달라고 하고, 목차를 뽑고, 각 장별 원고를 생성하게 하면 하루 만에 전자책 초안이 완성된다.

표지는 미드저니나 캔바 같은 디자인 도구로 만들 수 있다.

판매는 브런치, 탈잉, 클래스101, 크몽 같은 플랫폼에 올리면 된다.

이 흐름에서 직접 코딩을 작성할 일은 단 한 줄도 없다.

여기까지는 아주 기초적인 활용이다.

하지만 진짜 강력한 구조는 '단순 제작'에서 '자동 운영'으로 넘어가면서 시작된다.

예를 들어, 자동화된 뉴스레터 시스템을 만들어 보자:

- GPT가 매일 특정 키워드로 콘텐츠를 수집하고 요약
- 이메일 템플릿에 자동 삽입
- 스케줄링된 메일링 툴로 자동 발송
- 클릭률, 오픈율 데이터 수집 후 요약 리포트 제공

이건 마치 작은 미디어 회사를 혼자서 운영하는 것과 같다.

이 모든 흐름에 '코딩'은 없다.

대신 AI와 자동화 플랫폼이 있고, 그걸 '어떻게 연결할지' 설계하는 능력만 필요하다.

AI를 활용한 비즈니스 구축의 핵심은 '기능'이 아니라 '흐름'이다.

많은 초보 창업가들은 "어떤 도구가 제일 좋나요?", "GPT보다 성능 좋은 게 뭔가요?" 같은 질문을 먼저 한다.

하지만 그런 질문은 문제를 해결해 주지 않는다.

정말 중요한 질문은 이거다:

"어떤 순서로 어떤 결과를 만들고 싶은가?"

이게 명확하면 AI 도구는 그냥 끼워 맞추면 된다.
예를 들어, 당신이 온라인 클래스 비즈니스를 하고 싶다고 하자.
코딩 없이 가능한 전체 흐름은 다음과 같다.

1. GPT에게 강의 주제를 입력해 목차를 짜게 한다.
2. 각 주제별 강의 대본을 자동 생성.
3. 강의 슬라이드는 GPT 또는 Gamma, genspark 같은 프레젠테이션 AI 도구에 입력하면 자동 생성.
4. 영상은 본인이 스마트폰으로 녹화하거나, AI 아바타 강사 툴(예: HeyGen)로 생성.
5. 편집은 캡컷이나 Runway와 같은 AI 편집기가 빠르게 처리.
6. 홍보용 콘텐츠는 대본에서 추출해 SNS 카드뉴스, 릴스 영상으로 분화.
7. 클래스 등록은 클래스101, 탈잉, 브런치, 티처블 같은 플랫폼에 직접 업로드.
8. 수강생 관리, 후기 수집, 할인 쿠폰 발송까지 전부 자동화 툴로 연결.

여기서도 코딩은 없다.
모든 것은 **AI 도구의 조합**과 **순서의 설계**만으로 가능하다.
중요한 건, 한 번 이 구조를 만들어 두면 반복이 가능하다는 점이다.

강의 주제만 바꾸면 같은 시스템 위에서 10개의 클래스도, 100개의 콘텐츠도 양산 가능하다.

이 구조가 바로 **바이브코딩**의 핵심 개념이다.

코딩을 하지 않고도, 마치 시스템을 코딩하듯 AI를 연결하고 운영 흐름을 짜는 능력.

여기까지가 'AI 기반 콘텐츠 비즈니스'의 기본형이라면,

다음은 실제 판매 시스템을 어떻게 구성하고 수익화하는지로 넘어가 보자.

판매 페이지는 노션, 브런치, 퍼널 빌더, 또는 아임웹 같은 노코드 툴로 쉽게 만든다.

GPT에게 "이 상품을 사고 싶게 만드는 문장 10가지 써 줘", "간단한 구매 유도 버튼 위치 설명해 줘" 하면 바로 구조를 추천해 준다.

이미지와 **후기**도 AI로 생성해서 넣을 수 있다.

결제 시스템은 이니시스, 나이스페이먼츠, 토스페이먼츠, 카카오페이 미니샵 같은 국내 간편결제 연동 툴을 활용하면 별다른 개발 없이 바로 적용된다.

'URL 하나'만 있으면 결제창이 만들어지고, 링크만 삽입하면 끝이다.

고객 관리는 자동화 툴(Zapier, Make, n8n 등)을 연결하면 구매 후 이메일 전송, 후속 자료 발송, 후기 요청, 할인 쿠폰 제공까지 설정할 수 있다.

예: 누군가 구매 → 자동으로 Google Sheet에 저장 → 이메일 자동 전송 → 설문 응답 유도 → 응답 분석 후 리마케팅 메시지 생성.

이 모든 흐름은 한 번만 세팅하면 반복 가능하다.

이 말은, 콘텐츠 하나로 만든 이 구조를 다른 상품에도 그대로 적용할 수 있다는 뜻이다.

즉, 당신은 '지식 자산 하나'를 만들고, 그걸 유통시키는 자동화 시스템을 동시에 갖게 되는 것이다.

바이브코딩이 제공하는 강력한 힘은 바로 여기에 있다.

기획, 제작, 유통, 판매, 고객관리까지 **비즈니스 전체 흐름을 '코딩 없이도' 설계 가능**하다는 것.

여기서 기술보다 더 중요한 건 흐름을 보는 눈이다.

실제 사례를 통해 바이브코딩이 어떻게 비즈니스로 작동하는지 보자.

가. 사례 1: 마케팅 강사 B씨 - 강의 없는 '자동 수익 구조'

B씨는 마케팅 실무 경험을 살려 전자책과 PDF 강의 자료를 만들어 팔고 싶었다.

하지만 강의 촬영, 편집, 광고 운영 모두가 버겁게 느껴졌다.

그래서 다음처럼 AI 기반 구조를 짰다:

- GPT로 강의 목차 → 슬라이드 내용 → 각 슬라이드 요약문 생성
- Gamma AI로 자동 프레젠테이션 제작
- Midjourney로 표지 이미지 생성
- Canva로 콘텐츠 카드뉴스 제작
- 브런치에 콘텐츠 일부 발췌해 게시
- 크몽, 스마트스토어에 PDF 등록

- 구매자 자동 응대 메시지는 GPT로 설정
- 후기 수집, 할인 쿠폰 발송은 Zapier로 자동화

한 번 시스템을 짜고 나자, B씨는 더 이상 매일 글을 쓰거나 광고를 돌릴 필요가 없었다.

1개의 전자책으로 한 달에 300건 이상의 자동 수익이 발생했다.

결정적으로, 그 누구의 개발 지원도 받지 않았다.

모든 과정은 AI와 노코드 툴 조합으로 이루어졌다.

나. 사례 2: 콘텐츠 제작자 C씨 - '시간 없는 직장인'의 자동 유통 구조

C씨는 블로그와 인스타그램에서 개인 브랜딩을 하며 디지털 노트를 판매하고 싶었다.

퇴근 후 겨우 2~3시간만 활용 가능했던 그는 GPT를 활용해 콘텐츠 유통 구조를 다음과 같이 설계했다:

- 블로그 글: GPT가 주제 제안 → 본문 초안 → 퇴고
- 인스타 콘텐츠: 블로그 본문 요약 → Canva 카드뉴스 자동 생성
- 상품 설명: GPT에게 SEO 최적화 문구 요청 → 스토어 페이지에 반영
- 자동 예약 발행: Notion + Zapier 연동으로 주 3회 콘텐츠 배포
- 구매자 이메일 수집 → 무료 노트 증정 + 이후 마케팅 자동 발송

결과적으로 그는 단 2주 만에 팔로워 500명, 전자노트 1,200부 판매를 기록했다.

기술은 없었지만, '구성하는 능력'이 있었다.

이게 바로 바이브코딩이 누구에게나 열려 있는 이유다.

이 두 사람 모두 '창작자'이긴 했지만, 본질은 비즈니스 설계자였다.

AI는 단순히 작업을 도와준 것이 아니라 **반복 가능한 수익 구조를 만들어 준 파트너**였다.

지속 가능한 비즈니스는 결국 세 가지 축 위에 세워진다.

브랜드, 고객 경험, 데이터.

바이브코딩은 이 세 가지를 유기적으로 연결한다.

코딩 없이도 AI로 브랜드의 '형태'를 만들고, 고객과 '지속적 관계'를 유지하고, '데이터 기반의 개선'까지 가능하게 한다.

a. 브랜드: 말과 이미지의 통일

브랜드는 단순히 로고나 컬러가 아니다.

사람들이 당신을 인식하는 **일관된 메시지와 분위기**다.

AI는 바로 이 메시지를 설계하는 데 강력한 힘을 발휘한다.

예를 들어 GPT에게 다음과 같이 요청할 수 있다:

- "내 콘텐츠 톤은 따뜻하고 실용적인 스타일이야. 이걸 반영해서 인스타 소개문 써 줘."
- "나를 '기술 없이도 창업하는 사람'으로 포지셔닝하고 싶어. 슬로건

10개 만들어 줘."
- "내 전자책 시리즈의 브랜딩 구조를 A, B, C 시리즈로 나눠서 설명해 줘."

Midjourney나 Canva로 이미지 스타일을 통일시키면 콘텐츠 전체에 시각적 일관성도 생긴다.

결과적으로 '이 사람은 뭐 하는 사람인가'를 명확하게 보여 줄 수 있다.

브랜드가 정리되면, 소비자의 신뢰도는 기하급수적으로 올라간다.

b. 고객과의 관계: 자동화된 대화, 인간적인 감성

고객은 한 번 사고 끝나는 게 아니라, '관계'를 원한다.

하지만 혼자 모든 고객을 응대할 수는 없다.

여기서 AI 챗봇과 자동화 마케팅이 활약한다.

예:
- GPT 기반 챗봇: FAQ 자동 대응, 구매 전 상담 역할
- 이메일 자동화: 구매 후 안내 → 후기 요청 → 업셀링
- 설문 링크 자동 전송 → 피드백 수집 → 제품 개선 포인트 추출

이런 흐름은 단순 반복이 아니다.

고객에게 '기억되는 경험'을 남기고, 그 기억은 곧 브랜드 충성도로 이어진다.

c. 데이터: 선택이 아닌 전략

바이브코딩의 진짜 힘은 '모든 것이 기록된다'는 데 있다.

수작업이 아니라 자동화 기반이기 때문에, 클릭률, 구매 전환율, 열람 시간, 반응도 등이 전부 데이터로 쌓인다.

GPT나 AI 데이터 분석 툴로 "지난달보다 잘된 콘텐츠 3개 요약해 줘" 같은 요청이 가능하다.

이건 창업가가 '감'이 아닌 '팩트'로 의사결정할 수 있다는 뜻이다.

AI를 활용한 비즈니스는 속도와 편의성만 장점이 아니다.

진짜 강점은 **확장성**과 **지속 가능성**이다.

바이브코딩의 설계 원리를 잘 이해하면, 당신은 하나의 상품을 팔고 끝나는 게 아니라,

스스로에게 계속 새로운 사업 기회를 복제하는 능력을 갖게 된다.

a. 콘텐츠의 확장

하나의 전자책을 만들었다고 끝이 아니다.

그 전자책은 강의로, 뉴스레터로, 상담 상품으로, 프랜차이즈 매뉴얼로 확장될 수 있다.

GPT에게 "이 전자책을 기반으로 강의안 3개 구성해 줘"라고 입력하면, 새로운 제품이 탄생한다.

AI는 이전에 생성한 자료를 기반으로 유사한 구조를 빠르게 복제할 수 있기 때문에 **사업 포트폴리오**가 끊임없이 늘어날 수 있다.

b. 사업 모델의 분기

초기에는 콘텐츠 기반 수익(전자책, 클래스, 유료자료)으로 시작했다가, 점차 수익 구조를 바꿀 수도 있다.

예:
- AI 활용 강의 → 오프라인 워크숍
- 나만의 시스템 공유 → 구독 모델
- 자동화 설계 컨설팅 → 프리미엄 서비스

중요한 건 이 모든 변화가 기술 개발자가 없어도 가능하다는 점이다.
설계 능력만 있다면, AI는 어떤 사업모델에도 적용 가능하다.
무기가 아니라 플랫폼이 된 것이다.

c. 장기 운영 가능성

많은 창업자들이 초기에 번아웃된다.
매일 콘텐츠를 만들고, 홍보하고, 응대하고, 분석하다 지친다.
하지만 바이브코딩 시스템은 **창업가를 소모하지 않는다.**
초기에 세팅한 자동화 시스템은 6개월, 1년이 지나도 여전히 작동한다.
예를 들어, 매주 뉴스레터를 보내는 시스템을 GPT+Zapier+Gmail로 구성했다면,
당신이 여행 중일 때도 콘텐츠는 발행되고, 리포트는 수집되고, 고객은 응답을 받는다.
이건 단순한 효율이 아니라 **자유**다.

1인 창업가가 누릴 수 있는 최고의 가치는 **시간의 자율성**이다.

바이브코딩은 그 시간을 벌어 준다.

AI로 비즈니스를 시작하는 데 있어 가장 중요한 건 **완벽한 기술 지식**이 아니다.

가장 중요한 건 **작은 시도라도 지금 시작하는 용기**다.

코딩을 배우지 않아도 된다.

개발자를 고용하지 않아도 된다.

브랜드 디자이너나 마케터가 아니어도 괜찮다.

당신에게 필요한 건 딱 두 가지뿐이다.

1) 자신이 가진 지식을 콘텐츠로 바꾸겠다는 결심
2) AI를 도구로 활용하겠다는 설계력

AI 바이브코딩은 바로 그 설계를 돕는 프레임이다.

모든 것을 한 번에 잘하려고 하지 말고, 한 줄씩 구성하라.

한번 전자책을 만들고, 한번 챗봇을 구성하고, 한번 자동화 루틴을 세팅해 보라.

그 흐름이 익숙해지면, AI는 당신의 비즈니스 파트너가 되고,

당신은 하루하루 쌓이는 시스템의 주인이 된다.

이건 단지 기술을 쓰는 게 아니다.

일을 '덜' 하면서도 더 많은 결과를 얻는 방법을 재정의하는 것이다.

지금 이 시대에, 아이디어 하나로 창업하고 싶다면,

자유롭게 일하면서도 수익을 만들고 싶다면,

시간을 갈아 넣지 않고도 성장하고 싶다면,

코딩이 아닌 **AI 바이브코딩**이 답이다.

이제는 방법이 없는 게 아니라,

방법을 제대로 쓰지 못했을 뿐이다.

이제 당신의 아이디어와 경험은

AI라는 도구를 만나 진짜 '제품'이 될 준비가 되어 있다.

시작은 지금이다.

GPT 하나, 구글 계정 하나, 노션 하나만 있어도 된다.

그 위에 당신의 창업 시스템을 쌓아가라.

그리고 반복하라.

곧 그 시스템이 당신 대신 일하고,

수익은 자동으로 쌓이기 시작할 것이다.

이것이 바로 코딩 한 줄 없이

억대 비즈니스를 만드는 시대의 방식이다.

4) 이 책의 사용법과 기대효과

이 책은 단순한 읽을거리로 끝나지 않는다.

단순한 이론서도 아니고, 도구 사용 설명서도 아니다.

이 책은 당신이 **직접 AI 기반 비즈니스 시스템을 구성하고, 실행에 옮기는 실전형 설계서**다.

AI 바이브코딩은 단순한 개념이 아니라 **행동을 위한 도구 조합과 사고법**이다.

따라서 이 책을 가장 효과적으로 활용하는 방법은

'통째로 다 읽고 이해한 뒤에 실습하는 것'이 아니라

읽는 동시에 적용하고, 만들고, 수정하는 과정으로 활용하는 것이다.

당장 종이책이든 전자책이든, 한 장을 넘길 때마다

"지금 내가 만들 수 있는 건 뭘까?", "지금 바로 시도할 수 있는 건 뭐지?"

이 질문을 떠올리는 독자가 이 책의 진짜 수혜자가 될 것이다.

각 장의 끝에는 실전 질문과 체크리스트가 제시된다.

이는 단순한 복습이 아니라, **실제 창업 흐름의 기획, 실행, 개선 루틴을 만들기 위한 설계 도구**다.

단순히 이론을 정리하는 데 그치지 않고,

내 아이디어를 바탕으로 바이브코딩을 직접 구현할 수 있도록 돕는 구조다.

예를 들어 'AI를 활용한 자동화 흐름'을 다룬 장에서는
GPT 프롬프트 예시와 함께,

- 어떤 도구를 써야 하는지
- 어떻게 연결해야 하는지
- 어느 단계까지 자동화하면 되는지
- 실전 노하우가 순서대로 정리돼 있다.

이 책을 제대로 활용하려면, '독서'보다는 '작업'에 가깝게 접근해야 한다.
노트북을 켜고, 도구를 열고, 따라하며, 내 상황에 맞게 바꿔보는 것.
그게 이 책을 100% 활용하는 방식이다.
이 책은 총 11개의 챕터와 53개의 세부 항목으로 구성되어 있다.
각 파트는 순차적으로 읽어도 되고, 필요한 주제만 골라서 읽어도 된다.
하지만 가장 좋은 활용법은 "읽고 → 따라하고 → 반복해서 내 시스템으로 전환하는 것"이다.
구체적으로 이 책은 다음과 같은 단계별 구조로 활용할 수 있다:

활용 예시

가. 개념 정리 & 마인드셋 세팅 (1~4장)
여기서 중요한 건 'AI는 복잡한 기술이 아니다'라는 사실을 받아들이는

것이다.

AI는 내가 할 일을 대신해 주는 비서이자, 설계 가능한 도구다.

당신이 기술에 약해도 괜찮고, 지금 당장 사업 아이템이 없어도 괜찮다. 중요한 건 이 책을 읽으며 **비즈니스의 흐름을 새롭게 바라보는 눈**을 갖는 것이다.

이 단계에서는 가능한 한 많이 **생각하고 메모하고 질문을 만들어야 한다.**

- 내가 지금 만들고 싶은 건 뭔가?
- 나는 어떤 흐름으로 일하고 있었나?
- 반복되는 작업은 무엇이고, 그것은 AI로 대체될 수 있을까?

이 질문이 명확해질수록 다음 단계에서 훨씬 빠르게 속도를 낼 수 있다.

나. 실전 구현 & 자동화 설계 (5~9장)

이 부분이 이 책의 핵심이다.

아이디어 기획부터, 콘텐츠 제작, 자동화, 마케팅, 고객 관리, 수익화 구조까지 **코딩 없이 구현하는 전 과정을 단계별로 풀었다.**

- 어떤 도구를 써야 하는가
- 프롬프트는 어떻게 짜야 하는가
- 자동화 흐름은 어떤 조합으로 연결해야 하는가
- 성공하는 콘텐츠는 어떤 패턴을 갖는가

이 단계에서 독자는 단순히 읽는 것이 아니라,

자신의 콘텐츠를 만들고, 시스템을 설계하고, 실험해야 한다.

이 책의 각 장마다 등장하는 실습 예시는 단순한 참고용이 아니다.

그대로 복사해 사용하거나, 자신의 작업 흐름에 끼워 맞출 수 있는 실전 자원이다.

다. 반복과 확장 (10~11장)

시스템은 한 번 만들었다고 끝이 아니다.

진짜 경쟁력은 **반복할 수 있는 시스템**,

그리고 **확장 가능한 구조**를 얼마나 정교하게 다듬을 수 있느냐에 달려 있다.

이 책 후반부에서는 당신이 만든 바이브코딩 구조를

어떻게 다른 분야로 복제할 수 있는지,

어떻게 브랜드 전체로 확장할 수 있는지를 다룬다.

예를 들어,

- 전자책 시스템을 유료 뉴스레터로 확장
- 강의 시스템을 온라인 멤버십으로 확장
- 1인 콘텐츠 구조를 팀 기반 미디어 채널로 확장

이 모든 것은 기술이 아니라 **사고의 구조화**에서 나온다.

바이브코딩을 익힌 사람은 **아이템을 바꿔도 흔들리지 않는 실행력을 갖게 된다.**

그게 바로 이 책이 말하는 '지식 창업자의 진짜 무기'다.

이제 이 책을 통해 얻게 되는 **기대효과**를 명확히 정리해 보자.
실제 이 책을 제대로 활용했을 때 독자가 어떤 수준까지 도달할 수 있는지를 제시하는 게 중요하다.

기대효과

가. 콘텐츠 생산 속도의 극적 향상
이전엔 블로그 하나 쓰는 데 하루가 걸렸다면,
이제는 GPT가 도와주는 초안 작성 → 퇴고 → 배포까지 30분 안에 끝낼 수 있다.
반복 가능한 글쓰기, 자동화된 SNS 발행, AI 기반 썸네일 생성,
이 모든 작업 흐름을 손에 익히게 된다.
→ 단기간에 **콘텐츠 양과 질을 모두 확보**할 수 있다.

나. 수익형 시스템 구축 능력 확보
단순히 콘텐츠를 만드는 데 그치지 않고,
판매 → 결제 → 고객 응대 → 후기 요청 → 재구매 유도까지
하나의 **수익 흐름을 코딩 없이 만들 수 있는 역량**이 생긴다.
→ 상품이 아니라 **플로우(Flow)를 파는 사람**으로 전환된다.

다. 브랜드 자산의 구조화

AI를 활용해 콘텐츠를 만들고, 그 콘텐츠가 반복되며 쌓일 때 결국 당신의 브랜드는 '신뢰 가능한 정보의 집합'으로 진화한다.

- 정해진 톤과 메시지를 일관되게 유지할 수 있다
- 콘텐츠마다 다른 스타일이 아닌, 하나의 방향으로 설계된다
- 결과적으로 '무엇을 잘하는 사람'인지 명확해진다

이건 단순히 콘텐츠 마케팅의 효과를 넘어서,
개인 브랜딩 자체를 구조화하는 능력으로 연결된다.
이는 단기 수익보다 훨씬 큰 자산이다.

라. 고객 관계의 자동 유지

많은 1인 창업가가 지치는 지점은 바로 고객 관리다.

- 매번 DM 응대
- 구매 후 감사 메시지
- 후기 요청
- 재구매 유도
- 환불 응대

이 과정이 수작업이면 지속하기 어렵다.
하지만 AI와 자동화 툴을 연결해 놓으면, 고객 대응은 시스템이 알아서

해 준다.

당신은 전략과 개선에만 집중하면 된다.

즉, 고객 수가 늘어나도 **피로도는 그대로, 성과는 올라간다.**

마. 실험 가능성과 복제력 확보

바이브코딩을 익히면, 단 하나의 성공 모델에 의존하지 않게 된다.

다양한 아이템을 빠르게 실험하고,

잘 되는 구조를 복제하고,

필요한 만큼 새 프로젝트를 확장할 수 있다.

이건 단순히 '하나 잘 되는 아이템을 키우는 방식'이 아니라

시스템 사업가의 사고방식을 갖는다는 뜻이다.

한 번 성공한 아이템을 다른 주제, 다른 고객층, 다른 포맷으로

자유롭게 변환할 수 있는 역량을 갖게 된다.

이 책을 제대로 쓰는 독자의 행동 루틴

이 책을 단순히 '정보 수집용'으로만 읽는다면 효과는 제한적이다.

하지만 다음의 3단계 루틴을 따르기 시작하면, 책을 읽는 순간부터 **사업이 움직이기 시작한다.**

가. 따라 하기

예시 → 실습 → 결과 저장

각 장의 사례나 실전 예시가 나올 때, 반드시 손으로 직접 따라 해 보자.

GPT에 입력해 보고, 미드저니로 이미지 생성해 보고, Notion으로 페이지 구성해 보라.

손을 써야 내 것이 된다.

나. 나에게 맞게 바꾸기

실습한 결과를 그대로 두지 말고, 내 분야, 내 아이템, 내 표현 방식으로 바꿔 보자.

"이건 내 말투가 아니야", "내 고객은 이런 표현 안 써" 같은 고민이 들면 **좋은 신호**다. 이제 당신만의 브랜드 언어를 입힐 차례다.

다. 루틴화하고 저장하기

한 번 한 실험을 잊어버리지 않도록 정리하자.

- 'GPT 프롬프트 모음'
- '콘텐츠 제작 체크리스트'
- '자동화 흐름 도식화'

이런 식으로 기록하면 다음 실험의 속도는 2배, 3배 빨라진다.

독자에게 권장하는 마인드셋 3가지

1. 속도보다 지속성
2. 처음엔 익숙하지 않아 속도가 더딜 수 있다.

3. 하지만 중요한 건 '계속 움직이는 것'이다.
4. 이 책은 속도를 강요하지 않는다. **꾸준히 실험하고 반복하는 독자에게 가장 큰 보상을 준다.**
5. **정답이 아니라 구조를 찾는다**
6. 도구나 프롬프트의 정답은 없다.
7. 하지만 구조는 있다.
8. 잘되는 사람은 도구가 아니라 '흐름'을 이해한다.
9. 무엇이 먼저 오고, 어떤 일이 반복되고, 어디를 자동화할 수 있는지를 보는 눈이 생기면
10. 어떤 주제든, 어떤 플랫폼이든 적용 가능하다.
11. **남의 기준이 아닌 내 속도대로 설계하라**
12. SNS에서 "GPT로 하루 100만 원 벌었다"는 사람들과 비교하지 말 것.
13. 당신은 당신의 페이스로, 당신의 기준으로 구조를 만드는 중이다.
14. 비교 대신 구조화에 집중할 것.

초보자가 마주할 수 있는 시행착오와 그 극복법

이 책을 읽고 실행에 옮기려는 대부분의 독자는, 처음 몇 걸음에서 크고 작은 장벽에 부딪히게 된다.

하지만 그것은 '실패'가 아니라, '실행하고 있다는 증거'다.

다음과 같은 시행착오들은 누구나 겪는 과정이며, 잘 넘기면 한 단계 더 성장하게 된다.

가. "무엇부터 해야 할지 모르겠다"

이 책은 내용이 풍부하다.

당연히 처음에는 어디서 시작해야 할지 막막할 수 있다.

이럴 땐 반드시 **가장 관심 있는 주제부터** 선택하라.

예를 들어 전자책을 만들고 싶다면, 다른 챕터는 건너뛰고 5장과 9장부터 바로 실습하라.

당신이 실질적 결과를 가장 빨리 낼 수 있는 챕터가 바로 시작점이다.

나. "도구는 알겠는데 연결이 어렵다"

도구를 하나하나 쓸 줄 알아도, 그것들을 흐름으로 연결하는 건 또 다른 문제다.

바이브코딩은 바로 이 연결 능력을 훈련하는 구조다.

책의 예시만 따라 하는 데서 멈추지 말고,

"그 다음은 뭐가 와야 하지?", "이 결과를 어디에 써먹을 수 있지?"를 스스로 질문해 보라.

이 반복이 당신을 단순 사용자가 아닌 '설계자'로 만든다.

다. "계속 새로운 도구가 나와서 혼란스럽다"

AI 툴은 하루가 멀다 하고 새로 등장한다.

모두 다 쫓아가려 하면 끝이 없다.

중요한 건 도구 자체가 아니라 **문제를 해결할 수 있는지 여부**다.

기존에 쓰던 도구가 내 문제를 해결해 준다면, 굳이 새 도구로 갈아탈 필요는 없다.

바이브코딩의 핵심은 '최신 기술'이 아니라 '작동하는 구조'다.

라. "내가 이걸 잘하고 있는 건지 모르겠다"

이 책의 목표는 완벽한 결과가 아니다.

반복 가능한 루틴과 사고법을 익히는 것이다.

지금 만드는 콘텐츠가 완벽하지 않아도 괜찮다.

중요한 건 '만들었다'는 것이고, 그 경험을 통해 흐름을 익히는 것이다.

그게 바로 시스템을 소유하는 첫걸음이다.

당신은 이 책을 그냥 '읽기 위해서' 집은 게 아니다.

당신은 지금,

- 반복되는 일에서 벗어나고 싶고
- 제대로 된 시스템을 갖고 싶고
- 내가 가진 아이디어를 수익으로 바꾸고 싶어서

이 책을 펼쳤을 것이다.

그렇다면 더 이상 망설일 이유는 없다.

이 책은 '볼거리'가 아니라 '도구 설명서'고,

'지식 나열'이 아니라 '실행 지침서'다.

시작이 어려운가?

그렇다면 가장 쉬운 챕터 하나를 골라

프롬프트 한 줄이라도 입력해 보자.

생각이 움직이기 시작하면, 몸도 따라 움직인다.

그게 당신의 첫 번째 AI 프로젝트가 된다.

지금 당장은 느려도 괜찮다.

처음엔 버벅이고, 두 번은 더듬고, 세 번째는 적응된다.

네 번째부터는 '아, 이게 구조였구나' 하고 감이 온다.

그리고 다섯 번째부터는 남이 보면 부러워하는 시스템을 당신은 당연하게 돌리고 있을 것이다.

지금 이 순간부터, 당신은 단순한 독자가 아니라

AI와 함께 자신의 사업을 설계해가는 실전형 설계자다.

이 책은 그 과정을 함께할 매뉴얼이다.

책을 덮는 순간이 끝이 아니라

당신 비즈니스의 시작점이 되기를 바란다.

5) 바이브코딩 여정을 시작하는 방법

바이브코딩을 시작하기 위한 3가지 기본 준비물

가. 계정 3개

- **Google 계정**: 워크스페이스 기반 연동 자동화용 (Docs, Sheets, Drive, Gmail 등)
- **OpenAI 계정**: GPT 기반 텍스트 생성, 흐름 설계, 작업 자동화용
- **UpNote 계정**: 프롬프트 저장소 + 작업 매뉴얼 템플릿 구축용

나. 도구 3개

(GPT 텍스트 설계형 + 터미널형 + UI 빌더형 조합 권장)
① 설계/생성형 (텍스트 기반)

- **ChatGPT or Claude**: 프롬프트 기반 콘텐츠, 기획안, 자동화 흐름 설계
- **Gemini Code / Claude Code**: 코드 생성 및 백엔드 로직 구조화

② 터미널형 빌더

- **Cursor**: GPT 내장형 IDE, 반복 코드 작성과 배포 최적화

- **Replit**: 코드 실행형 개발환경, 소규모 앱 MVP용
- **Firebase Studio**: 실시간 백엔드/인증/DB 구조 통합 툴

③ UI 빌더형 툴
- **v0.dev**: 프론트 중심 SaaS MVP 구성 툴, 마케팅 페이지 및 관리자 UI 빠르게 구축
- **Bolt / WindSurfer**: 미니 서비스 제작 및 페이지 MVP 자동 생성기
- **Wized / Framer / Webflow** (심화자용): 고급 노코드 웹앱 구현 가능

다. 마인드셋 1개

"AI가 코드 짜주는 시대, 내가 짜야 할 건 구조다."

코딩은 AI가 도와주지만, 흐름 설계는 여전히 사람의 영역이다.
바이브코딩은 그 '사람의 영역'을 구조화하고, 복제 가능하게 만드는 기술이다.

바이브코딩 1일차 - 오늘 바로 할 수 있는 실전 루틴

바이브코딩의 첫걸음은 거창할 필요 없다.
복잡한 구조를 고민하기보다, **내가 반복하고 있는 일 하나를 구조화하는 것부터** 시작하자.

가. 나만의 루틴을 종이에 써 본다

질문:

- 지금 내가 매주 반복하는 디지털 작업은?
- 콘텐츠 하나를 만들 때 거치는 내 방식은?
- 고객을 응대하거나 상품을 소개하는 기본 흐름은?

예시 답안:

"주 2회 블로그 글 쓰기 → 썸네일 만들기 → 인스타에 카드뉴스로 요약 → 댓글 확인"

이게 바로 당신만의 **1차 바이브코딩 플로우 베이스**다.

나. GPT에게 구조를 설명하고 자동화 아이디어를 요청한다

GPT 프롬프트 예시:

"나는 매주 블로그 글을 쓰고 그걸 인스타용 카드뉴스로 요약해요. 이걸 자동화 가능한 구조로 바꿔 줘. 어떤 도구들이 필요할까?"

여기서 GPT가 추천해 주는 흐름을 바탕으로
당신만의 작업을 구조화할 수 있다.

이게 바로 바이브코딩의 핵심 사고방식:
"내가 일하던 방식을 시스템으로 설계하기"

다. 도구 하나 골라 직접 적용해 본다 (15분 실습 가능)
- UpNote에 오늘 만든 플로우 저장
- Replit에서 "GPT로 자동 글 요약 → 이메일 발송" 흐름 구성 실험
- v0로 인스타 카드뉴스용 소개 페이지 템플릿 만들기

- Cursor에서 "특정 주제 + GPT 자동 요약" 스크립트 실험

중요한 건 완성도가 아니라,
한 줄이라도 직접 구조를 짜봤느냐는 것이다.
그게 바이브코딩의 진짜 시작이다.

바이브코딩 입문자를 위한 7일 실행 루틴

처음부터 모든 걸 하려고 하면 포기하게 된다.
그래서 이 책은 '1일 1시스템 단위 학습'을 권장한다.
다음은 바이브코딩을 처음 시작하는 독자를 위한 **7일간의 훈련 시퀀스**다.

가. 나의 디지털 흐름 1개 도식화하기

- 오늘 내가 반복하는 작업 1개를 적는다
- 단계별로 순서를 나눈다 (ex. 콘텐츠 구상 → 작성 → 배포 → 응대)
- 이걸 GPT에게 설명하고 "자동화 가능 포인트" 추천 받기

⊙ 산출물: 나만의 '작업 구조도' 1개 + 자동화 아이디어 3가지

나. GPT 기반 콘텐츠 생성 루틴 설계

- 내가 주로 다루는 주제 1개 선택 (예: 마케팅, 취미, 자기계발 등)
- GPT에게 콘텐츠 주제 아이디어 10개 요청
- 그중 1개로 글 초안 생성 → 수정 → UpNote에 저장

◉ 산출물: 콘텐츠 자동 생성 프롬프트 + 초안 글 1편

다. 시각화 자동화 도구 실험
- Cursor, v0, WindSurf 중 1개를 선택
- GPT가 만든 콘텐츠를 기반으로 시각 콘텐츠(예: 소개 페이지, 카드형 텍스트 등) 생성
- 저장하고 배포용으로 리디자인해 보기

◉ 산출물: 시각화 콘텐츠 1세트 + 템플릿 저장

라. 자동 응답 시나리오 설계
- 구매자 or 고객이 자주 묻는 질문 5가지 정리
- GPT에게 자동 응답 시나리오 생성 요청
- Zapier or Make 기반으로 자동화 흐름 설계 시작

◉ 산출물: 챗봇 응답 시나리오 + 자동 전송 메시지 흐름도

마. 결제-전달 구조 실험
- 가상의 상품(전자책, PDF, 미니강의 등)을 설정
- 구매 → 자동 다운로드 전달 흐름을 GPT+도구로 구성
- 간단한 결제 페이지는 v0, Replit, Webflow 중 선택해 생성

◉ 산출물: 상품 1개 + 결제-전달 흐름 구축

바. 데이터 수집 & 분석 흐름 만들기
- 설문 폼, 이메일 오픈률, 페이지 클릭 수 등 데이터 정의
- 자동으로 수집되도록 연결(Google Sheets, Make, Zapier 등)
- GPT에게 "데이터 요약 보고서" 생성 프롬프트 설정

◉ 산출물: 실시간 데이터 정리 흐름 + 자동 요약 템플릿

사. 전체 루틴 복습 & 정리
- Day 1~6 흐름을 한 장짜리 도식으로 요약
- UpNote에 '나만의 바이브코딩 시스템 V1' 문서화
- 같은 구조로 다른 아이템에 적용 시뮬레이션

◉ 산출물: 바이브코딩 1차 버전 완성본 + 복제 가능 구조

성공하는 사람과 그렇지 못한 사람의 차이

모든 사람이 ChatGPT를 쓸 수 있고, v0나 Cursor 같은 빌더 도구는 공평하게 열려 있다.

그런데 왜 어떤 사람은 AI를 '기회'로 만들고, 어떤 사람은 그냥 '신기한 도구'로만 소비하고 끝나는 걸까?

바이브코딩을 제대로 이해한 사람은 **툴이 아니라 구조를 만든다**.

항목	잘 되는 사람	안 되는 사람
접근 방식	"흐름"을 설계하려고 함	"기능"만 시험해 봄
실행 시점	읽고 즉시 따라 해 봄	다 보고 나서 하려고 함
반복 전략	같은 작업을 템플릿화 함	매번 새로 시작함
저장 방식	UpNote, 시트 등으로 구조를 기록	머릿속에만 기억
시간 투자	매일 30분이라도 루틴처럼 씀	주말에 몰아서 하려다 놓침
시도 방식	작게 시작해서 키움	처음부터 완벽하게 하려다 포기

그리고 이 구조가 반복되면서 성과를 누적시킨다.

다음은 바이브코딩을 '진짜 도구로 만드는 사람'과 '흘려보내는 사람'의 결정적 차이다.

결론은 단순하다
AI 도구는 누구에게나 열려 있지만,
AI 시스템은 설계하는 사람만 가질 수 있다.
바이브코딩은 설계자의 프레임을 가진 사람에게
시간, 수익, 자유라는 보상을 준다.

실패 없는 바이브코딩 입문자를 위한 최소 원칙 5가지

가. "완성"이 아니라 "흐름"을 목표로 설계하라
처음부터 완벽한 시스템을 만들려고 하지 마라.
바이브코딩의 본질은 '완성도 높은 하나'보다

'반복 가능한 흐름 하나'를 만드는 것이다.

예:
- 전자책을 100점으로 쓰려고 하지 말고,
- **80점짜리 초안을 매주 한 권씩 만드는 흐름**을 구성하라.

나. 하루 30분, '루틴형 실습'으로 접근하라

긴 시간 몰입은 오히려 지속을 방해한다.

가장 이상적인 건 **매일 정해진 시간, 짧고 반복적인 실습 루틴**을 갖는 것.

하루 30분 GPT 프롬프트 → 템플릿 저장 → 도구 테스트 → 기록.

이게 쌓이면 나만의 자동화 자산이 된다.

다. 모든 결과는 저장하고 이름 붙여라

"좋은 흐름이었다"라고 생각하고 넘어가지 마라.

바이브코딩의 진짜 무기는 **나만의 템플릿 아카이브**다.

예:
- "고객 후기 요청 자동화_v1"
- "디지털 상품 소개 페이지 기본 구조_v2"

이렇게 저장하면 다음에는 수정만 하면 된다.

반복 가능한 자산화가 핵심이다.

라. 작게 만들어서, 빠르게 공유하라

혼자 붙들고 고민하지 말고,

작게 만들고, 바로 주변에 보여 주라.

예:

- "이 글 AI로 썼는데 어때?"
- "이런 흐름 만들었는데 써 볼래?"

빠른 피드백이 개선을 부르고,

반응이 좋으면 수익화로 자연스럽게 연결된다.

마. AI가 해 줄 수 있는 건 다 넘겨라

'내가 해야만 한다'는 생각을 버려라.

GPT에게 시켜 볼 수 있는 건 전부 시켜 보고,

그 결과를 다듬는 데 에너지를 써라.

예:

- 상품 설명
- SNS 캡션
- 뉴스레터 문구
- 강의 개요

→ 이 모든 건 AI가 초안을 쓰고, 당신은 '편집자'로만 참여하면 된다.

바이브코딩 → 브랜드 → 수익화 로드맵 개요

가. 바이브코딩은 도구를 쓰는 게 목적이 아니다.
도구를 연결해서, 반복 가능한 구조를 만들고,
그 구조가 브랜드가 되고, 브랜드가 수익을 만든다.
이건 아이템이 무엇이든 똑같이 적용된다.
다음은 '바이브코딩 → 브랜드화 → 수익화'까지 이어지는 3단계 흐름이다.

나. AI 기반 구조를 만든다 (기술 설계 단계)

- GPT: 콘텐츠 아이디어 → 글쓰기 → 썸네일 카피까지 자동화
- UpNote: 프롬프트/템플릿/워크플로우 정리
- Cursor/v0: 소개 페이지, 포트폴리오 사이트 구성
- Zapier: 메일 발송, 후속 응대 자동화

이 구조가 만들어지면 **콘텐츠 → 홍보 → 응대**가 한 번에 굴러간다.

다. 콘텐츠를 브랜드화한다 (신뢰 자산 구축 단계)

- 전자책 1개, 유튜브 영상 1편, 블로그 10개
- → 한 가지 주제로 반복 콘텐츠를 쌓는다
- → 톤, 언어, 비주얼을 통일한다
- → "이 사람 = 이 분야"라는 인식을 만든다

이걸로 '잘 정리된 사람', '실행력 있는 사람'이라는 인식을 주게 된다.

바로 이것이 브랜드다. 로고가 아니라 반복된 결과다.

라. 수익 구조로 전환한다 (비즈니스 시스템화 단계)
- 전자책, PDF 템플릿, 유료 프롬프트팩 → 디지털 상품화
- 뉴스레터, 멤버십 → 반복형 구독 수익화
- 강의, 컨설팅 → 고단가 모델 연결
- 자동화된 챗봇 + 결제 페이지 + 후속 리마케팅까지 정렬

결과적으로, 내가 매일 일하지 않아도 **나 대신 돌아가는 시스템이 수익을 만든다.**

이게 바로 바이브코딩을 배우는 목적이다.
'일을 줄이기'가 아니라
'일하지 않고도 돌아가는 구조'를 만드는 것.
바이브코딩은 기술이 아니라 생존 전략이다
세상은 점점 더 빠르게 변하고, 자동화는 선택이 아니라 생존 조건이 되었다.
더 이상 "기술 몰라서 못 해요"라는 말은 **면죄부가 아니다.**
GPT는 글을 대신 써 주고,
Replit은 코드를 자동 완성하고,
v0는 클릭 몇 번으로 웹사이트를 만들어낸다.
이제 **도구는 문제가 아니다.**
누가 더 빨리 구조를 만들고,

누가 더 많이 실험하며,

누가 더 꾸준히 자기 방식으로 축적하느냐가 핵심이다.

당신이 가져야 할 단 한 가지 철학

"작게 시작하되, 절대 멈추지 말자."

1일 1실험

1주 1템플릿

1달 1시스템

이게 쌓이면, 당신은 어느 날

일을 하지 않아도 콘텐츠가 나가고

고객이 유입되고, 수익이 들어오는 구조를 갖게 된다.

그게 바이브코딩 설계자의 미래다.

이제 당신 차례다.

당신만의 바이브코딩 여정을 지금 시작하라.

그리고 절대 멈추지 말라.

2

바이브코딩으로 변화를 만든 사람들

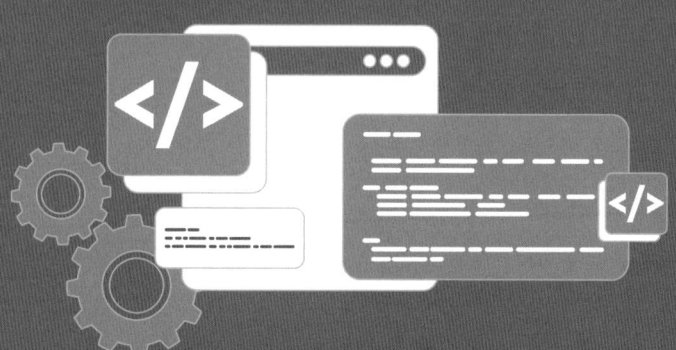

1) 1인 출판사가 AI로 글로벌 시장에 진출한 이야기

"글만 쓰던 내가, 글로벌 퍼블리셔가 될 줄은 몰랐습니다."

서울 마포구에서 조용히 글을 쓰던 A 씨는 1인 출판사를 운영하고 있었다.
전업 작가는 아니었고, 정기적으로 블로그에 자기 생각을 정리하던 평범한 창작자였다.
자기 이름을 걸고 쓴 첫 전자책은 2,000원짜리 PDF였다.
다운로드 수는 27건. 그중 10건은 지인 결제였다.
"책을 만드는 건 어렵지 않았어요.
그런데 팔리는 구조를 만들 줄은 몰랐죠."
그런 A 씨가 불과 4개월 만에
3개 언어로 번역된 전자책 5종,
전 세계 40여 개국에 판매,
Amazon KDP 피처 추천 등록,
월간 순이익 300만 원 돌파라는 결과를 만들어냈다.
그 중심엔 **AI와의 협업**, 그리고 '바이브코딩'이라는 새로운 접근법이 있었다.

가. GPT와 함께한 첫 실험, "출판을 자동화해 보자"

A 씨는 원래 기술과는 거리가 멀었다.

디자인, 코드, 자동화 같은 말은 부담스럽기만 했다.

그러던 중 우연히 ChatGPT를 접했고, 무심코 이렇게 물었다.

"내가 쓴 블로그 글을 모아서 전자책 만들 수 있어?"

"판매까지 자동으로 할 수 있을까?"

GPT는 놀랍도록 구체적인 플로우를 제안했다.

1. 글 수집 → 목차 구성 → 각 챕터 정
2. Midjourney로 표지 이미지 생성
3. Canva에서 텍스트 입히기
4. PDF 변환 후 Gumroad 업로드
5. Zapier로 이메일 발송 자동화
6. 독자 후기 수집 → 리마케팅 설정

A 씨는 이걸 하나씩 따라 해 보기로 했다.

기술자가 아니라, '따라 하는 사람'으로 시작한 것이다.

나. "나도 글로벌 출판을 할 수 있다고?"

첫 책은 한국어였다.

그런데 A 씨는 어느 날 Claude에게 이렇게 물었다.

"이 내용을 영어랑 일본어로 번역해 줘. 그리고 문화 차이에 맞게 톤도 바꿔 줘."

Claude는 자연스럽게 **번역뿐 아니라 문화적 맥락까지 반영한 새로운 챕터 요약본**을 만들어 줬다.

그걸 그대로 UpNote에 정리했고, v0로 만든 간단한 페이지에 다국어 전자책을 등록했다.

그걸 SNS에 올렸을 뿐인데, 예상치 못한 일이 벌어졌다.

- 캐나다에서 첫 해외 결제가 들어왔다.
- 한 달 후, Amazon KDP에서 추천 메일에 이름이 떴다.
- 그리고 미국 고등학교에서 '디지털 창작' 수업 보조 교재로 채택하고 싶다는 메일이 왔다.

A 씨는 말한다.

"저는 그저 AI가 짜준 플로우대로 하나하나 실행했을 뿐이에요.
근데 그게 계속 쌓이더라고요. 이제는 한국에 있으면서 전 세계 독자와 연결되어 있어요."

다. A 씨의 바이브코딩 출판 구조

A 씨는 더 이상 '글 쓰는 사람'이 아니다.

그는 이제 다음과 같은 구조를 스스로 설계하고 운영한다.

- 콘텐츠 구상 → GPT 목차 생성 → 챕터별 세부 내용 작성
- 표지 이미지(Midjourney) + 텍스트 편집(Canva)
- 다국어 번역(Claude) → v0 페이지 제작

- 판매 구조(Gumroad, KDP, Payhip)
- 자동 응대(Zapier + Google Sheets)
- 후기 수집 + 리마케팅 메일 자동화(Gmail, Tidycal)

그는 이걸 '출판 자동화 시스템 v1.3'이라 부른다.
지금도 계속 버전을 업데이트하고 있다.

라. 결론: 1인 출판도, AI가 팀이 되면 세계로 간다

A 씨는 말한다.

"전 지금도 혼자예요.

그런데 이제는 디자인 팀, 번역가, 개발자, 마케터가 제 옆에 있는 느낌이에요.

AI가 모두 맡고 있고, 저는 편집하고 결정만 하죠."

바이브코딩은 A 씨에게

'코드를 모르는 창작자'가

'시스템을 설계하는 퍼블리셔'로 도약하게 해 준 도구였다.

그리고 그는 그 구조를 복사해

지금은 다른 작가들의 출판 시스템을 대신 설계해 주는 **출판 자동화 컨설턴트**로까지 활동 중이다.

1인 창작의 시대는 끝났다.

이제는 1인 시스템의 시대다.

2) 취미에서 사업으로: 바이브코딩으로 취미를 수익화한 사례

"취미는 그저 스트레스 해소용인 줄 알았어요. 그런데 AI가 구조를 바꾸더라고요."

B 씨는 32세, IT 기업의 일반 사무직 직원이다.
낮에는 팀 회의와 문서 정리에 시달리고,
퇴근 후에는 혼자 영상을 편집하거나 여행기를 정리해 블로그에 올렸다.
처음엔 그저 스트레스 해소였다.
수익화는커녕, 그저 누군가 댓글 하나 남기면 하루가 즐거운 수준이었다.
그런데 어느 날, 유튜브에서 "GPT로 취미를 수익화한 사람" 인터뷰를 보게 됐고,
곧장 ChatGPT를 열어 이렇게 물었다.
"내가 여행 콘텐츠를 모아서 상품화할 수 있을까?"
"AI가 도와줄 수 있어?"
GPT는 대답했다.
"당신의 경험을 전자책, 코스, 뉴스레터, 리소스로 구조화할 수 있습니다."

가. 콘텐츠 수집 → 구조화

GPT와 함께 B 씨는 이렇게 흐름을 정리했다.

1. 기존 블로그 글 30개 모으기
2. 지역/주제별로 분류 → 챕터 구성
3. 각 챕터에 '여행 꿀팁' 항목 추가
4. "당신만의 테마별 여행 가이드북" 콘셉트 설정
5. GPT에게 문체 통일 + 편집 요청
6. Claude를 활용해 일본어/영어 버전 자동 생성

B 씨는 일주일 만에 **3개 언어 버전의 전자책 1권**을 완성했다.
처음으로 "내 콘텐츠가 상품이 될 수 있구나"를 체감한 순간이었다.

나. 바이브코딩으로 영상 콘텐츠 수익화

다음으로 B 씨는 영상 콘텐츠를 다뤘다.

여행 브이로그를 만들었지만, 매번 편집이 힘들었다.

그러자 GPT에게 이렇게 물었다.

"내가 찍은 영상에서 자동으로 요약 스크립트를 뽑고, 썸네일 문구도 만들어줄 수 있어?"

GPT는 바로 사용 가능한 프롬프트와 구조를 제공했다.

- 영상 → Whisper로 음성 텍스트화
- 텍스트 요약 → GPT

- 썸네일 문구 → GPT 광고 문구 생성
- v0로 영상 소개 페이지 제작
- Replit로 구독자에게 자동 발송 시스템 구축

이 구조를 만든 이후

B 씨는 더 이상 5시간씩 편집하지 않는다.

AI가 70%를 처리하고, 본인은 디테일만 손본다.

다. 여행 취미 → 콘텐츠 키트 판매

B 씨는 AI와 함께 만든 여행 콘텐츠를 다음과 같은 구조로 수익화했다.

- "혼자 여행 가는 사람들을 위한 7일 가이드북" (PDF 전자책)
- "여행 콘텐츠 자동화 키트" (GPT 프롬프트 모음 + 무료 템플릿)
- "여행 영상 요약 + 자막 자동화 루틴" (자동화 툴 활용법)
- "월간 여행 추천지 + 콘텐츠 아이디어 뉴스레터" (구독형)

판매는 Gumroad, Payhip등

노코드 마켓플레이스를 활용했다.

소셜에는 WindSurf와 v0로 만든 링크형 소개 페이지를 붙였다.

현재 월 40만~70만 원 사이의 꾸준한 수익이 발생한다.

매출도 중요하지만, B 씨에게 더 큰 의미는 따로 있다.

"내가 좋아하던 일이 이제는

나를 대신해 수익을 만들어 주는 자산이 됐어요."

라. 핵심은 '내가 반복하던 걸 구조로 만든 것뿐'

B 씨는 기획자도, 개발자도, 작가도 아니다.

그는 말한다.

"제가 한 건

'내가 하던 걸 묶고, GPT한테 구조 짜 달라고 한 것'뿐이에요.

그다음엔 자동화 도구 몇 개를 붙였을 뿐이죠."

이제 그는 '취미가 돈이 된다'는 말을 정말로 이해하게 되었다.

그리고 이 말도 덧붙였다.

"AI는 창의적인 사람에게 날개를 주는 도구예요.

문제는, 내가 계속 만들 의지가 있느냐예요."

3) 교육자가 만든 AI 기반 학습 플랫폼

"학생 30명을 가르치던 교실이, 이제는 3,000명이 찾는 플랫폼이 됐습니다."

C 씨는 15년차 중학교 영어교사였다.
아이들을 가르치는 일은 여전히 즐거웠지만,
늘 아쉬운 게 있었다.
"왜 교육 콘텐츠는 교실 안에만 갇혀 있어야 할까?"
퇴근 후 블로그에 수업 자료를 올리고,
유튜브에 짧은 문법 영상도 만들어 올렸지만
바쁜 일상 속에 콘텐츠를 꾸준히 만드는 건 버거운 일이었다.
그러다 우연히 ChatGPT를 접하게 되었고,
그가 처음 GPT에게 한 질문은 이거였다.
"내가 만든 수업 자료를 묶어서 온라인 강좌로 만들 수 있을까?"
GPT는 단순한 답 대신 **완전한 설계도**를 내놓았다.
C 씨의 바이브코딩 여정은 그렇게 시작됐다.

가. 수업 자료 → 콘텐츠 모듈로 재구성

GPT의 제안은 명확했다.

1. 블로그 글 → 주제별로 분류
2. 각 주제를 '입문 - 중급 - 심화' 모듈로 나누기
3. 예제 문제, 설명, 테스트 파일 자동 생성
4. 각 모듈별 썸네일, 소개 문구 생성
5. 강의 개요 문서 자동 작성
6. UpNote에 전체 구조 저장 → 템플릿화

이 작업은 일주일이면 충분했다.
C 씨는 그동안 쌓아둔 수업 자료를 바탕으로
'기초 영문법 30일 프로그램'을 설계했고,
AI가 챕터별로 자동 요약해 준 덕분에
강의 커리큘럼도 순식간에 완성됐다.

나. 교육 플랫폼 MVP 구성

C 씨는 프론트엔드도 몰랐다.
하지만 GPT와 함께
"어떤 툴을 쓰면 내가 이걸 쉽게 구현할 수 있지?"를 고민했고,
다음과 같은 흐름을 따라갔다.

- **v0**: 강의 소개 홈페이지 제작 (GPT가 UI 카피까지 생성)

- **Tally + Zapier**: 수강 신청 폼 + 자동 응답 이메일 발송
- **Notion + Typeform**: 과제 제출 및 피드백 구조
- **크몽 / 숨고**: 유료 콘텐츠 판매
- **Google Sheets**: 학생 진도표 자동 업데이트
- **Claude / GPT**: Q&A 응답 스크립트 생성

단 2주 만에, **교실 밖에서도 누구나 들을 수 있는 학습 플랫폼**이 탄생했다.

다. 실시간 피드백 → 반복 구조화

처음엔 수강생이 20명 남짓이었지만,
수업 후 받은 피드백을 GPT에게 분석시켰다.
"학생들이 어려워한 개념 위주로 다시 설명해 줘."
"심화 학습용 퀴즈를 5개만 만들어 줘."
"수강 후기 자동 요약해서 홍보용 문구 만들어 줘."
그렇게 C 씨는 매주 '콘텐츠 보강 버전'을 만들었고,
이 피드백 기반 업데이트는 다시 홍보로 이어졌다.
결과적으로 수강생은 6개월 만에 3,000명을 넘었고,
지금은 매달 100명 이상이 자동으로 플랫폼에 유입되고 있다.

라. C 씨의 학습 플랫폼 수익 구조

C 씨는 단순히 강의를 파는 게 아니다.
그는 구조를 만들었고, 구조가 자산이 됐다.

- 무료 입문 과정 (구글폼 등록)
- 자동 메일로 유료 강의 제안
- 멤버십 전환 유도 (월 9,900원)
- 과제 리뷰 + 피드백 자동화
- 연 2회 '라이브 Q&A 세션' (비동기형 운영)
- GPT 활용 '개인 맞춤형 학습 로드맵' 추가 예정

이 모든 흐름은 바이브코딩의 사고방식에서 출발했다.
"교사는 수업하고, 시스템은 돌아간다."

마. 결론: 교사는 더 이상 혼자 가르치지 않는다

C 씨는 말한다.

"AI는 제 조교예요.

예전엔 제 시간과 체력이 허락하는 만큼만 가르쳤지만,

지금은 시스템이 저 대신 강의하고, 답변하고, 과제를 관리하죠."

그는 이제 교육자이자

지식 시스템 설계자다.

바이브코딩이 없었다면

그는 여전히 교실에서 바쁜 하루를 보내고 있었을 것이다.

4) 지역 비즈니스의 디지털 전환 성공기

"진주 골목 공방에서 시작했는데, 지금은 전국 단위 예약이 들어옵니다."

D 씨는 경남 진주에서 1평 반짜리 **핸드메이드 캔들 공방**을 운영하고 있었다.

작은 골목 끝, 가게 이름은 '은은한 시간'.

동네 주민, 몇몇 SNS 팔로워, 단골 위주로 운영되는 작은 오프라인 가게였다.

문제는 **수익 구조가 시간에 묶여 있었다는 것.**

한 번에 4명밖에 수업을 못 했고, 하루 두 타임이 한계였다.

비 오는 날, 예약 없으면 매출 0원.

"이러다 망하겠다"는 생각이 들던 그때,

D 씨는 GPT를 써 본 사람들의 이야기를 듣고 호기심에 이렇게 물었다.

"오프라인 공방도 AI로 뭔가 바꿀 수 있을까?"

GPT의 답: "당신은 수업을 팔 게 아니라, 경험을 시스템화하세요."

GPT는 구체적인 방향을 제안했다.

- 수업 흐름 → 콘텐츠로 기록
- 고객 질문 → 자동 응대 시스템화
- 예약 → 자동화
- DIY 키트 → 온라인 상품화
- 체험 후기 → 리뷰 마케팅 흐름 구성

이걸 하나씩 실험하면서
**D씨는 오프라인 감성 중심의 수업을
온라인 중심의 디지털 구조로 리디자인**하기 시작했다.

가. 공방 수업 → 영상 콘텐츠로 분해

D씨는 수업 내용을 녹화했고,
GPT에게 스크립트 정리와 요약을 요청했다.
Claude는 이를 토대로 **5분 내외의 챕터형 튜토리얼**로 재구성했다.
이후 그는 영상 콘텐츠를 다음 구조로 정리했다.

- DIY 키트 구매자용 무료 영상
- 체험형 온라인 클래스 (유료)
- "감성 공방 창업" 소자본 셀프 트레이닝 가이드

이 구조는 v0와 cursor를 활용해 구축했고,
Canva로 브랜드 통일감 있는 디자인도 정리했다.

나. 예약, 질문, 후기 응대를 자동화하다

기존에는 D 씨가 직접 인스타 DM을 일일이 답하고,
수기로 예약을 정리하고, 후기 부탁도 손편지로 남겼다.
하지만 바이브코딩을 도입하면서 모든 게 달라졌다.

- 예약: TidyCal + Google Calendar 연동
- 응대: GPT로 고객 질문 자동 응답 시나리오 설계
- 후기 요청: 구매 후 3일 자동 메일 발송
- 홍보: 리뷰 내용을 요약해 카드뉴스 자동 생성 (GPT + Canva)

이제 고객이 제품을 구매하거나 예약하면,
D 씨는 **손 하나 까딱 안 하고도 전 과정이 돌아가는** 구조를 갖게 됐다.

다. '공방'에서 '콘텐츠 브랜드'로

6개월이 지나자 놀라운 변화가 일어났다.

- 수업은 여전히 하루 2타임뿐인데
- 월 수익은 기존의 3배 이상으로 증가
- 예약은 전국에서 들어오고, 영상 콘텐츠는 일본/대만에서도 구매
- 유튜브, 블로그, 스마트스토어, 인스타그램 모두 '한 사람 브랜드'로

정리됨

지금 그는 공방을 유지하면서도
디지털 감성 클래스 브랜드 '은은한 시간' 대표로 활동하고 있다.

라. 핵심은 '내가 없을 때도 돌아가는 구조'

D 씨는 말한다.

"예전엔 하루 휴무를 내는 것도 무서웠어요.

매출이 0원이 되니까요.

그런데 지금은 제가 하루 쉬어도, 영상은 판매되고, 예약은 들어오고, 메일은 자동으로 발송돼요."

이게 바로 바이브코딩이 가져다준 변화다.

공방 운영자는 이제 시스템 설계자가 되었고,

디지털 전환은 선택이 아닌 생존이 되었다.

5) 초보자가 6개월 만에 앱을 출시한 여정

"나는 개발자가 아니다. 그런데 지금 내 이름으로 출시된 앱이 있다."

E 씨는 29세, 콘텐츠 기획자로 일하는 평범한 직장인이다.
엑셀, 파워포인트엔 익숙하지만 코드엔 1도 관심이 없었다.
스타트업 회의에 참여하면 항상 느끼던 열등감이 하나 있었다.
"왜 나는 '기획'까지만 하고, 실행은 누군가의 도움이 필요할까?"
어느 날 그는 다짐했다.
"이번엔 진짜 처음부터 끝까지 내 힘으로 만들어 보자."
그 시작점은 코딩이 아니라, **바이브코딩이었다.**

가. '아이디어를 구조로 만드는 훈련'부터 시작했다
그가 처음 떠올린 아이디어는 단순했다.
"하루 1문장, 나를 돌아보게 하는 자기 질문 앱."
GPT에게 물었다.
"이런 아이디어를 앱으로 만든다면, 어떤 기능이 필요할까?"
"어떤 도구를 써야 개발자가 아닌 나도 구현할 수 있을까?"

GPT는 다음과 같이 답했다.

- 기본 기능: 질문 데이터베이스, 푸시 알림, 기록 저장
- 추천 도구: Glide, FlutterFlow, Replit, Kiro, V0
- MVP 구성 흐름:

1. 아이디어 정리
2. 와이어프레임 생성
3. 데이터 구성
4. 앱 빌더 도구 연동
5. 사용자 테스트
6. 배포

이 흐름을 기반으로, 그는 **6개월 프로젝트 플랜**을 세웠다.

나. 매일 1시간, AI와 함께 작은 블록을 쌓았다

E 씨는 시간을 정해놓고 매일 딱 1시간씩 진행했다.

- 월요일: GPT에게 앱 카피라이팅 생성 요청
- 화요일: Glide로 앱 구조 조립
- 수요일: 질문 DB 입력 (GPT 추천 문항 365개 자동 생성)
- 목요일: 아이콘, 로고, 컬러 구성 (Canva)
- 금요일: GPT에게 UI/UX 개선 피드백 요청

- 주말: 테스트 사용자 모집 + 후기 정리

반복된 이 루틴은 8주 만에
기능이 단순하지만 깔끔한 1차 앱 프로토타입을 완성하게 했다.

다. 테스트 → 배포 → 피드백 자동화까지

출시 후 그는 앱 이름을 "다시, 나에게"라고 정했다.
기능은 하루에 1번, 사용자에게 질문을 푸시 알림으로 보내고
답변을 기록할 수 있게 한 단순한 구조였다.
그는 바이브코딩의 힘을 여기서 더 활용했다.

- GPT로 앱 사용 설명서 제작
- v0로 앱 소개 페이지 생성
- Kive로 앱 사용 영상 자동 편집
- ChatGPT + Zapier로 리뷰 자동 수집
- Notion DB에 사용자 피드백 자동 정리
- 리플릿으로 앱 개선 의견 접수 시스템 구축

이 모든 걸 혼자 구축했지만, **사실상 AI 팀이 옆에 붙어 있었다.**

라. 출시 3개월 후, 그는 놀라운 결과를 맞는다

- 1,200명 사용
- 리뷰 평점 4.9점

- "이 앱 덕분에 내 멘탈이 버텼어요"라는 피드백 100건 이상
- 한 커뮤니티에서 앱이 바이럴되며 블로그 리뷰 200건 유입
- 정신건강 관련 스타트업으로부터 제휴 제안

그는 더 이상 '기획만 하는 사람'이 아니다.
아이디어를 구조화하고, 실제로 시장에 내놓는 실행자가 되었다.

마. E 씨가 말하는 바이브코딩

"나 같은 비개발자도, 혼자서 진짜 앱을 만들 수 있어요.

코드 1줄 몰라도 괜찮아요.

GPT가 가이드하고, 앱 빌더가 구현하고,

나는 연결하고 결정만 하면 되니까요."

그는 지금도 앱을 계속 업데이트하고 있으며,

"아이디어를 실험하는 속도가 빨라지면, 결국은 기회가 내 쪽으로 온다"
는 걸 깨달았다고 말한다.

해외 사례 요약: 10대부터 20대까지, AI로 앱을 만든 창업가들

가. 잭 야데가리 (17세 고등학생)

자동 칼로리 계산 앱으로 월 매출 15억 원

- 앱 이름: Cal AI
- 기능: 음식 사진을 찍으면 자동으로 칼로리와 영양소 추출
- 특징: 17세 고등학생이 AI 이미지 분석 기반으로 개발

- 성과: 월 매출 약 100만 달러 돌파
- 사용 기술: GPT + 비전 모델 + 모바일 UI 빌더

"기술보다 중요한 건, 내가 직접 써보고 싶었던 앱을 만든다는 마음이었어요." - 잭

나. 브레이크 앤더슨 (23세)

3개의 AI 앱으로 연매출 130억 원

- 대표 앱:
    - Rizz GPT: 데이팅 앱용 멘트 자동 생성기
    - Umax: 얼굴 분석 기반 외모 점수 피드백
    - Plug AI: 채팅 내역 분석 + 답변 추천
- 특징: 심플한 구조와 강한 바이럴 포인트로 글로벌 10~20대 사용자 폭발적 증가
- 수익화 구조: 앱 내 유료 기능 + 구독 모델 + 광고 수익

"완벽한 앱보다, 지금 필요한 문제 해결이 먼저였어요." - 브레이크

다. 피터 레벨스

비행기 게임 하나로 월 1억 원 이상 수익

- 게임 이름: fly.pieter.com
- 설명: 로그인 없이 바로 시작할 수 있는 심플한 플라이트 시뮬레이션
- 특징: 전부 AI 기반으로 개발 + 클라우드 게임 구조 + 지속 업데이트

- 수익: 광고, 스킨 아이템 판매, 기부 기반 구독

"내가 놀고 싶은 걸 만들었을 뿐인데, 수십만 명이 함께 즐기고 있어요."
- 피터

라. 핵심 인사이트

이들의 공통점은 다음과 같다:

1. **기술보다 아이디어에 집중했다** - 문제 해결 중심의 사고
2. **바이브코딩적 사고방식** - 빠르게 MVP 제작 → 검증 → 반복 개선
3. **AI를 팀처럼 활용했다** - 디자인, 카피라이팅, 코드, 분석까지 혼자 감당하지 않았다
4. **심플한 실행이 성공을 이끌었다** - 기능보다 흐름과 메시지를 먼저 설계했다

이제 우리도 가능한 시대다.

당신이 가진 아이디어와 GPT만 있다면,

언제든지 '작은 시스템'을 세상에 내놓을 수 있다.

3

코딩의 장벽

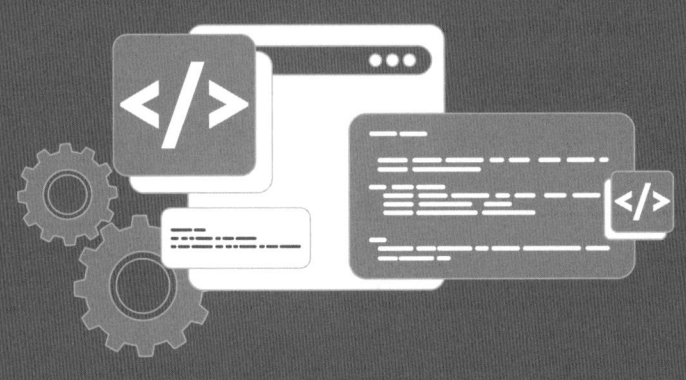

1) 코딩 없이는 디지털 비즈니스가 불가능할까?

'기획은 넘치는데, 구현은 막힌다'는 사람들

"아이디어는 있는데 만들 줄 몰라요."

"사이트 하나 띄우는 데도 외주만 수백만 원이래요."

"코드 좀 배워 보려다 포기했어요…."

1인 창업을 하려는 사람들 사이에서 반복적으로 들리는 이야기다.

기획은 끝났고, 팔 사람도 있는데,

'만드는 기술'이 없어서

아예 시작조차 못 하는 상황이다.

이건 단순한 역량 부족 문제가 아니다.

기회의 문턱에 기술이라는 벽이 가로막혀 있는 구조적 문제다.

더 심각한 건 이 벽이 실제보다 훨씬 높아 보인다는 거다.

하지만, 지금 시대엔 이 벽을 우회하거나 부숴 버릴 방법이 너무 많아졌다.

바로 **AI 바이브코딩**이다.

디지털 비즈니스의 구조를 다시 보자

"디지털 비즈니스 = 코딩해야 가능한 것"이라는 오해가 많다.
하지만 구조를 분해해 보면 생각보다 단순하다.
일반적인 온라인 비즈니스는 보통 이렇게 생겼다:

1. 홈페이지 or 랜딩페이지
2. 고객과 접점(신청/문의/회원가입)
3. 콘텐츠 or 제품 판매
4. 결제
5. 피드백 & 자동화
6. 반복 & 확장

이 중 실제로 '코드'를 직접 써야만 가능한 단계는 거의 없다.
예전에는 전부 HTML, JS, PHP로 다 짜야 했지만
지금은 **노코드/로우코드 + AI 조합으로 다 해결**된다.

코딩 없이 가능한 대체 구조 예시

기능	과거 방식	지금 가능한 방식
홈페이지	HTML, CSS	Typedream, V0, Framer
회원가입	Firebase Auth	Outseta, Softr
결제	직접 연동	Gumroad, LemonSqueezy

DB 저장	MySQL, MongoDB	Airtable, Baserow
자동화	JS + Python	Zapier, Make, n8n
고객 응대	CS 시스템 개발	GPT + Slack / Notion 자동화

한마디로 요약하자면:

"코딩 없어도 된다. 흐름만 그릴 수 있으면 된다."

아직도 많은 사람들이 '코딩 없이 안 된다'고 믿는 이유

이건 단순히 몰라서가 아니다.

세상이 그렇게 믿도록 만들어졌기 때문이다.

가. 개발자는 '희소한 인재'라는 프레임

개발자 연봉이 수천만 원에서 수억 원까지 올라가고,

기업들이 "개발자 구하기 어렵다"고 말할 때마다,

사람들은 이렇게 믿게 된다.

"역시 개발은 아무나 하는 게 아니야."

"난 그냥 기획이나 마케팅 쪽으로만 해야겠다."

이런 식의 **자기 검열**이 시작된다.

나. 교육 시스템의 낙후성

우리 교육은 여전히 "컴퓨터 → 코딩 언어를 배워야 한다"는 방식이다.

하지만 지금의 현실은 그렇지 않다.

- 웹사이트? GPT + 노코드 툴이면 3시간 안에 완성
- 앱? Figma + Glide + ChatGPT로 MVP 가능
- 자동화? 코딩보다 Zapier가 훨씬 빠르다

그런데도 학교, 대학, 심지어 코딩 부트캠프조차
"처음부터 Python 문법, 조건문, 반복문…"
그렇게 가르친다. 그러니까 90%가 중도 포기한다.

다. 개발 문화 자체의 진입장벽

Github, StackOverflow, 개발자 커뮤니티에는
자기들만 쓰는 언어가 있다.
"이거 그냥 리액트 훅으로 state 관리해서 해결하면 돼요."
"Vite 설정하고, CRA 대신 스노우팩으로 빌드 돌리세요."
이런 말을 듣는 순간,
비개발자는 입을 다물고 도망가게 된다.

진짜 중요한 건 '아이디어를 흐름으로 그리는 능력'

코딩보다 먼저 필요한 건 이거다:
"내가 원하는 디지털 비즈니스가 어떤 흐름으로 작동해야 하는가?"
예를 들어, 다음과 같은 질문에 답할 수 있어야 한다:

- 사용자는 어디서 나를 만나게 되는가?

- 무엇을 클릭하고, 어떤 정보를 남기는가?
- 어떤 조건에서 결제를 유도할 것인가?
- 어떤 방식으로 피드백을 수집하고 업데이트할 것인가?

이걸 머릿속에서만 그리는 게 아니라

GPT에게 설명하고,

그 설명을 기반으로 **툴을 연결**하면 된다.

GPT + 바이브코딩 방식이 바로 이걸 가능하게 한다.

실제로 비개발자가 만든 사례

가. 콘텐츠 판매자 A 씨
- 원래는 블로그 글 쓰는 작가
- GPT로 콘텐츠 묶어 PDF화
- Typedream에 판매 페이지 구성
- Gumroad로 판매 연동
- Zapier로 자동 다운로드 링크 발송

코딩 경험 전혀 없음 → 월 300만 원 이상 수익화

나. 교육자 B 씨
- 강의 촬영 후 GPT로 자동 자막 + 강의 개요 제작
- Notion 기반 교육 커리큘럼 구성

- V0로 홈페이지 만들고, Tally로 신청서 연결
- 자동화: Zapier + Google Sheets

"내가 아니라 시스템이 수강생을 안내하고 관리하게 만든 구조"

지금 디지털 비즈니스에 필요한 건 '코딩'이 아니라,
문제를 푸는 방식의 변화다.

그래서, '코딩을 몰라도 가능한 사람들'은 도대체 뭘 알고 있을까?

그들은 다음 세 가지를 알고 있다.

가. 흐름을 먼저 설계한다 (Flow First)
코딩을 먼저 배우려고 하지 않는다.
대신 이렇게 접근한다:

- 이 앱의 첫 화면에는 뭐가 나와야 하지?
- 고객은 어디서 입력하고, 뭘 받게 되지?
- 결제 후에는 어떤 행동이 자동으로 연결되어야 하지?

즉, 기술이 아니라 '사용자 행동 흐름'을 먼저 그린다.
그리고 이걸 GPT에게 묻는다:
"이런 흐름을 구현하려면 어떤 도구를 써야 하나요?"

"이 구조를 Replit, Glide, V0 중 뭐로 만들면 빨라요?"

바이브코딩은 바로 이런 질문을 할 줄 아는 사람이 쓰는 기술이다.

나. 실행 → 실패 → 개선의 속도가 빠르다

코딩에 집착하는 사람은

"완벽한 기술", "완벽한 기능"을 추구한다.

반대로 비개발 바이브코더는

"지금 되는 만큼만 만들어서, 바로 던져 본다."

- 첫날: Figma에서 와이어프레임
- 둘째 날: Glide로 1차 앱 구성
- 셋째 날: Tally로 사용자 피드백 수집
- 넷째 날: GPT로 개선 방향 정리

그 결과, 이 사람은 일주일 만에 MVP를 만들어서

직접 사용해 본 사용자 10명을 확보한다.

그리고 그 피드백을 바탕으로 다음 버전을 만든다.

반복 속도 자체가 다르다.

다. 툴을 연결할 줄 안다 (Tool Linking Thinking)

기술 하나에 집착하지 않는다.

각 도구의 역할을 이해하고, 그걸 '흐름'에 맞춰 조립한다.

예를 들어 이런 식이다:

"Notion으로 고객 데이터 정리하고,

Tally로 신청받고,

Zapier로 자동 이메일 보내고,

V0로 인터페이스 연결해야겠다."

이건 코딩이 아니라 **시스템 설계 사고방식**이다.

이 사고만 있으면, GPT가 전부 도와준다.

바이브코딩이 코딩을 '대체'하는 방식

바이브코딩은 단순히 '코딩을 안 하는 방식'이 아니다.

아예 사고방식 자체를 바꾼다.

영역	전통 코딩 방식	바이브코딩 방식
기획	기능 중심	사용자 흐름 중심
구현	직접 작성 (코드)	AI + 도구 연결
반복	수동 수정	자동화 기반 실험
팀	개발자 필요	1인 + GPT 협업
비용	수백~수천만 원	0원 ~ 수십만 원 이내

이 구조를 익히면,

기술이 없어도 **디지털 비즈니스 창업의 속도**가 붙는다.

결론: 진짜 중요한 건 '코드'가 아니라 실행력과 연결력

디지털 시대의 성공은

코드를 얼마나 잘 치느냐보다,

구조를 얼마나 잘 연결하고 실행하느냐에 달려 있다.

코드를 알아야 한다는 생각은

마치 자동차를 운전하려면

엔진 구조부터 배워야 한다는 주장과 같다.

누구도 브레이크 패드의 마찰계수나

타이어의 회전력을 몰라도

차를 몰고 원하는 곳에 도착할 수 있다.

마찬가지로 지금은 GPT와 노코드 툴이라는 **운전 보조 시스템**이

이미 누구에게나 열려 있다.

당신이 해야 할 단 하나의 질문

코딩을 몰라도 된다.

전문가가 아니어도 된다.

당신이 던져야 할 질문은 이거 하나다:

"내 아이디어는, 어떤 흐름으로 작동하면 좋을까?"

이 질문에 답할 수 있다면

GPT가 도와줄 수 있다.

AI 빌더들이 구현해 줄 수 있다.

그리고 당신은

기획자, 개발자, 디자이너, 운영자를
전부 자신의 도구로 쓸 수 있게 된다.

기술의 시대가 끝났다
실행의 시대가 시작됐다
바이브코딩은 코딩을 없애는 기술이 아니다.
기술이라는 장벽을 제거하고
창조의 실행력을 가진 사람들을
앞으로 밀어주는 방식이다.
코드 1줄 없이도,
당신의 비즈니스는 충분히 시작될 수 있다.

2) 기술적 한계가 창의성을 막는 순간들

- 아이디어는 넘쳤지만, 아무것도 만들지 못한 이유

아이디어는 누구나 넘친다. 문제는 '구현'이다

"이거 앱으로 만들면 대박이야."

"이 기능 있으면 요즘 진짜 잘 팔릴 텐데."

"이런 커뮤니티 플랫폼 하나 만들면 되잖아."

창의적인 아이디어는 넘친다.

사람들 머릿속에는 수백 개의 사업 모델, 콘텐츠 기획, 제품 아이디어가 들어 있다.

문제는 단 하나다.

"그래서 만들었어?"

대부분의 대답은 "아니…"다.

왜일까?

왜 우리는 그토록 많은 아이디어를 떠올리면서도,

막상 현실로 만들지 못할까?

그 원인은 단 하나.

기술적 한계가 '실행력'을 막고 있기 때문이다.

아이디어 → 현실 사이에 존재하는 보이지 않는 '기술 장벽'

좋은 아이디어가 있다고 가정해 보자.
예를 들어, 이런 생각이 떠올랐다고 치자.
"하루에 하나씩 미션을 주는 습관형 콘텐츠 앱,
사용자는 미션을 수행하고 사진이나 글로 인증,
일정 횟수 이상 수행하면 자동으로 보상 제공"
이건 꽤 괜찮은 앱 아이디어다.
그런데 이걸 실제로 만들려면?

- 앱 UI 설계
- 푸시 알림 기능
- 사용자 인증 시스템
- 인증 데이터 저장소
- 보상 조건 설계
- 관리자 대시보드
- 배포 및 마케팅까지

코딩을 모른다면, 여기서 이미 머리가 하얘진다.
"어떻게 시작하지?"
"누구한테 맡겨야 하지?"
"비용이 얼마나 들까?"
"디자인은 또 어떻게 하지?"

결국 대부분은 이 아이디어를 **노트에 적어 두고** 끝낸다.

창의성은 있었지만,

실행할 수단이 없어서 사라진 수천 개의 아이디어들.

이게 현실이다.

> **기술이 '창의성'을 가로막는 결정적 순간들**

가. "그거 구현하려면 최소 백엔드는 짜야 돼요."

이 말 한마디에 창의적인 기획자가 입을 닫는다.

열정적으로 설명하던 아이디어가,

"백엔드"라는 단어 앞에서 증발해 버린다.

개발자는 별 의도 없었지만,

그 한마디가 비기술자에겐 이렇게 들린다.

"너는 이거 못 해. 이건 우리(개발자)만 할 수 있어."

이건 창의성에 대한 **무언의 경계선**이다.

말은 안 해도 '그 선 넘지 마라'는 분위기를 만든다.

결국 기획자는 다음부터는 "될 만한 것"만 생각하게 되고

진짜 혁신적인 아이디어는 뇌 속에서 묻힌다.

나. "그건 UI/UX 설계가 너무 복잡해요."

사용자는 A를 누르고 → B 화면으로 이동하고

→ 조건이 맞으면 C 팝업을 띄우고 → D 데이터를 보내는 흐름.

이걸 기획자는 머릿속에 분명히 그리고 있다.

하지만 디자이너나 개발자에게 전달하려 하면

"흐름이 너무 복잡해요", "유저가 헷갈릴 것 같아요"라는 피드백이 온다.

기획자는 속으로 생각한다.

"그럼 단순한 것만 만들어야 하나?"

"내가 생각한 구조가 틀렸나?"

"내가 잘 모르는 건가 보다…"

복잡함 = 틀림으로 자동 인식된다.

그 순간, 그는 스스로 창의적인 기획을 검열하게 된다.

다. "이거 구현하려면 최소 3개월 걸립니다."

현실적일 수 있다.

하지만 창의적인 사람에겐

이건 "꿈 깨"라는 말로 들린다.

이 말이 반복되면

아이디어는 타이밍을 놓치고,

기획자는 "일단 나중에…"라고 미루게 된다.

그리고 그 아이디어는 영영 실행되지 않는다.

속도감이 사라지는 순간, 창의성도 같이 죽는다.

라. "디자인 툴도 다뤄야 하고, API 연동도 알아야 돼요."

한 번 실행해 보려 했던 창작자가

툴 복잡도와 설정 지옥에 부딪히는 순간이다.

- Canva, Figma는 써봤는데 갑자기 REST API?
- Glide는 쉽다며 시작했는데, 데이터베이스 설계?
- Notion으로 하려 했는데 Automation이 뭔지 몰라 멈춤

이건 기술의 문제가 아니다.
설계 구조가 머릿속에 들어오지 않기 때문이다.
툴을 몰라서 멈춘 게 아니라,
툴 간 연결 흐름을 이해할 수 없어서 멈추는 것이다.
이게 수많은 창의적 사람들이 "시도조차 안 하게 되는" 진짜 이유다.

3) 시간과 비용의 함정

- "아이디어는 쉬웠는데, 실행은 너무 복잡했다"

대부분은 '돈보다 시간' 때문에 포기한다

누군가는 말한다.

"돈이 없어서 사업을 못 해요."

그 말은 반은 맞고, 반은 틀리다.

진짜 많은 사람들이 포기하는 이유는 '시간' 때문이다.

- 기획은 끝났지만, 개발자는 한 달 뒤에나 시간 난다고 한다
- 디자인 맡겼더니 시안 하나 받는 데 2주가 걸린다
- 수정 요청을 보냈더니 피드백 오는 데 일주일
- 외주 개발자한테 맡겼더니, 사라졌다

이 모든 지연이 쌓인다.

그리고 어느 순간, 이렇게 된다:

"아, 그냥… 다음에 해야겠다."

생각보다 오래 걸린다.

그러니까 마음이 식는다.

그리고 사업은 시작조차 되지 않는다.

비용은 '최소 300만 원부터'라는 현실

스타트업을 해 보려는 사람,

콘텐츠 비즈니스를 시작해 보려는 1인 창업자에게

가장 먼저 부딪히는 말:

"그 정도면 500만 원은 잡아야죠."

"앱 기능 들어가면 천만 원 넘어요."

"이건 그냥 커스터마이징이 안 돼요. 따로 개발하셔야 돼요."

코드 1줄 안 친 상태인데

초기 견적은 300만~1,000만 원 단위로 튀어나온다.

이건 현실이다.

외주 시장의 최소 단위는 비쌀 수밖에 없다.

왜냐면 그 사람들도 시간을 파는 사람이기 때문이다.

결과적으로:

- 비용이 부담돼서 혼자 하려고 시도
- 툴을 익히다 포기
- 다시 외주 알아보다가 지침

- 결국 아이디어를 포기

이건 비즈니스의 실패가 아니라,
실행 구조 자체의 부재에서 오는 문제다.

시간도, 돈도 줄여주는 방식이 필요하다

이 시점에서 많은 사람들이 절실하게 느끼는 건 이거다:
"누가 좀 대신 빨리 만들어 주면 좋겠다…"
"복잡한 거 말고, 그냥 작게라도 빨리 해 보고 싶은데…"
이 욕망은 단순해 보이지만,
바로 **바이브코딩의 핵심 니즈**와 맞닿아 있다.

- 1인 창업자에게 중요한 건 완성도가 아니라 실행 속도다
- 모든 기능보다도, 핵심 흐름이 돌아가느냐가 더 중요하다
- 첫 달 수익보다, 실제 유저 피드백을 빨리 받는 게 핵심이다

그래서 코딩이 아닌,
AI + 도구 조합이 필요한 것이다.

바이브코딩은 어떻게 시간과 비용을 반으로 줄이는가?

가. '기획 → 구현' 사이의 시간을 AI가 없앤다

기획서를 쓰고, 개발자에게 전달하고, 수정하고…
이 전체 과정은 보통 몇 주에서 몇 달이 걸린다.
바이브코딩은 이걸 **GPT와 실시간으로 한다.**

예시:
"사용자가 이메일을 입력하면 뉴스레터 구독되고,
자동 환영 메일이 가는 시스템 만들고 싶어요."
→ GPT가: "Tally + ConvertKit + Zapier 연결하면 됩니다."
→ 구성 흐름도, 실행 순서, 툴 링크까지 전부 자동 안내
→ 사용자는 1시간 안에 작동되는 시스템을 갖게 된다.

기획과 설계의 90%를 AI가 도와주는 셈이다.
생산성은 수직 상승한다.

나. 외주 없이 '작은 MVP'를 직접 만들 수 있다
비용이 가장 많이 드는 건 **개발 외주**다.
바이브코딩은 다음과 같이 대체 가능하다:

기능	기존 방식	바이브코딩 방식
회원가입	Firebase Auth	Softr + Outseta
결제	PG 연동 개발	Gumroad / LemonSqueezy
데이터 저장	MySQL / MongoDB	Notion DB / Airtable
디자인	디자이너 고용	Canva + GPT 협업
자동화	Python 스크립트	Make / n8n / Zapier

외주비 수백만 원이 들던 구조를

한 사람의 실험으로 바로 구현 가능하게 된다.

심지어, 코드 한 줄 없이.

다. 반복 피드백이 빠르다 = 실험 속도가 10배

기존에는 기능 하나 수정하려고 해도:

- 개발 요청
- 견적 조율
- 일정 확인
- 반영 → 검수 → 롤백 → 재수정

이런 과정이 필수였다.

지쳤다. 지루했다. 그래서 창의성도 줄었다.

하지만 바이브코딩은

사용자 피드백을 반영한 수정이 '오늘 안에' 가능하다.

- Notion DB 구조 변경
- Tally 폼 수정
- UI 텍스트 GPT로 전면 리라이팅
- 버튼 클릭 후 흐름 Make로 다시 설정

이 속도 차이가 시장 진입 타이밍을 완전히 바꿔 버린다.

실제 비교: 기존 방식 vs 바이브코딩 방식

항목	기존 창업 방식	바이브코딩 방식
웹사이트 제작	외주 150만~300만 원 / 3주 이상	V0, Typedream 무료 or 월 $15 / 당일 제작 가능
결제 연동	PG 연동 개발 + 계약 / 2~3주	Gumroad, LemonSqueezy / 10분
데이터 저장	Firebase, 서버 개발 / 2주	Airtable, Notion DB / 30분
회원가입 기능	자체 개발 + 보안 설계 / 3주	Outseta, Softr 통합 제공 / 1시간
자동 이메일	마케팅 툴 연동 + API 개발 / 2주	ConvertKit, MailerLite + Zapier / 30분
피드백 시스템	CS 시스템 or 개발 필요 / 수십만 원	Tally + GPT 분석 자동화 / 무료 or 저렴

총합:

- **기존 방식**: 최소 6주 ~ 10주 / 평균 비용 500만 원 이상
- **바이브코딩**: 3일 ~ 7일 내 MVP 출시 / 월 10~20만 원 이내

☞ **시간 10분의 1, 비용 20분의 1.**

그리고 더 중요한 건:

비전공자도 가능하다.

전문 디자이너, 개발자가 없어도 된다.

기획자, 마케터, 콘텐츠 크리에이터 누구든

GPT와 툴만 있으면 실행이 가능하다.

실행에 들어가면 모든 게 바뀐다

기존 방식은 기획단계가 길고
개발-수정 반복에만 몇 달이 걸린다.
그 사이에 시장은 바뀌고, 유저는 떠난다.
반면 바이브코딩은 다르다.

- 오늘 떠오른 아이디어를
- 오늘 바로 GPT와 설계하고
- 오늘 밤에 프로토타입을 만들고
- 내일 사람들에게 써 보라고 배포할 수 있다.

그 차이가 곧 **시장 진입 타이밍의 차이**다.
이 속도 차이가 곧 **성공률**을 바꾸는 것이다.

결론: 더 이상 '언젠가' 하지 마라 - 오늘 바로 시작할 수 있다

시간이 없어서 미뤘던 사람들.
예산이 부족해서 포기했던 아이디어들.
기획은 끝났지만 구현이 막혔던 순간들.
이제 그 모든 걸 다시 생각할 때다.
GPT는 기획과 설계를 도와주고,
노코드 도구들은 개발 과정을 대신해 주며,

바이브코딩은 이 전체를 하나의 '실행 흐름'으로 묶는다.
이 조합은 단순히 "코딩을 안 해도 된다" 수준이 아니다.
"이제 누구든, 실행할 수 있는 시대가 왔다"는 선언이다.

이런 사람이 특히 시작해야 한다

- 사이드 프로젝트로 창업을 꿈꾸는 직장인
- 콘텐츠는 넘치는데 시스템이 없는 1인 크리에이터
- 개발자 없이 수익 모델을 만들고 싶은 마케터
- 최소한의 자본으로 빠르게 테스트하고 싶은 창업자

이들은 모두 더 이상 기다릴 이유가 없다.
시간과 비용의 함정을 걷어낸 도구와 흐름은 이미 준비돼 있다.

오늘부터, 이렇게 시작해 보자

1. 아이디어를 정리하자 (한 문장으로)
2. GPT에게 물어보자: "이걸 만들려면 어떤 툴과 구조가 필요한가요?"
3. 그 흐름을 그대로 따라가 보자
4. 하루만에 프로토타입, 일주일 안에 피드백 확보

이걸 할 수 있는 사람이 '개발자'가 아니다.
지금 이 책을 읽고 있는 바로 당신이다.

당신의 시간은 귀하다.

당신의 자본도 소중하다.

그걸 허비하지 않고,

당신의 아이디어를 시장으로 가져올 수 있는 방법이 있다.

그게 바로 바이브코딩이다.

그리고 지금이, **그 실행의 시작점이다.**

4) 전문 개발자 의존의 문제점

- 당신이 기술자를 기다리는 동안, 기회는 지나간다

"개발자만 있으면 다 할 수 있다?" 정말 그럴까?

1인 창업을 준비하는 사람, 기획자, 마케터, 콘텐츠 크리에이터…

이들이 입버릇처럼 하는 말이 있다.

"개발자만 있으면 진짜 금방 만들 수 있어요."

"좋은 개발자만 붙으면 바로 시작할 수 있는데…"

맞는 말처럼 들리지만,

사실 이 말은 이렇게 바꿔 읽어야 한다:

"나는 지금 아무것도 할 수 없는 상태입니다."

왜냐면 그 '개발자'는

언제 올지도,

얼마나 들지도,

나랑 맞을지도,

심지어 중간에 떠나지 않을지도 모른다.

그렇게 **모든 걸 남의 손에 맡기는 구조는**

창업이 아니라 도박이다.

개발자는 늘 부족하고, 선택은 제한적이다

현실은 냉정하다.

- 좋은 개발자는 이미 스타트업에 들어가 있거나 본인 프로젝트 중이다.
- 실력 있는 외주 개발자는 시간당 10만 원이 기본이다.
- 저렴한 외주 개발은 퀄리티 리스크와 커뮤니케이션 스트레스가 크다.

즉, 선택지가 많아 보이지만
실제로는 당신에게 적합한 개발자는 거의 없다.
그리고 좋은 개발자를 구했다 해도,
다음 문제가 시작된다.

"이건 기획서에 없던 건데요?" - 의존 구조의 딜레마

개발자가 붙는 순간,
모든 변경과 진화는 "요청서"가 되어 버린다.

- 기획 수정 → 다시 설명
- 디자인 변경 → 새 작업 필요
- 기능 추가 → 일정 재조정
- 버그 발생 → 책임 공방

한 번 외부 인력에 의존한 순간,

당신의 창의성은 매번 '견적'과 '일정'의 틀 안에 갇히게 된다.

결국 이렇게 된다:

"그냥 나중에 하자."

"그건 너무 복잡하대."

"이건 다음 버전에 하자고 했어."

창의성은 식고,

실행력은 느려지고,

비즈니스는 멈춘다.

개발자 없이도 가능한 시대 - 설계자 마인드로 전환하라

지금은 개발자 없이도

디지털 서비스를 만들 수 있는 '실행 시대'다.

- 아이디어 구상: GPT가 정리
- 흐름 구성: Whimsical, Miro 등으로 다이어그램 자동 생성
- 도구 선택: GPT가 가장 효율적인 조합 추천
- 화면 구성: V0, Softr, Typedream으로 노코드 웹 제작
- 기능 실행: Make, Zapier로 자동화
- 사용자 관리: Outseta, Notion, Airtable로 백엔드 대체

개발자가 필요한 게 아니라,
이 툴들을 '어떻게 연결하느냐'를 아는 설계자 마인드가 필요한 것이다.

"개발자는 코딩을 한다. 설계자는 비즈니스를 만든다."
이 말이 무슨 뜻이냐면,
진짜 중요한 건 코드를 직접 치는 게 아니라,
'문제가 발생하면 어떤 흐름으로 해결할 수 있을지 그리는 능력'이다.

예시:
문제: 고객이 구매 후 자동 이메일을 못 받는다

전통 방식:
- 서버 로그 확인
- API 호출 점검
- 개발자에게 오류 리포트

바이브코딩 방식:
- Zapier 트리거 확인
- 오류 항목 수정 → 재실행 클릭
- GPT로 수정 자동화 제안 받음 → 반영

결과적으로 후자가 **속도도 빠르고, 비용도 안 들며,**
사용자가 문제 해결까지 직접 할 수 있는 방식이다.

의존을 끊을 때, 비로소 '내 비즈니스'가 된다

비즈니스를 운영한다는 건

누구보다 빠르게

누구보다 많이

사용자의 반응을 받아

누구보다 먼저 개선해내는 싸움이다.

그런데 매번 개발자를 기다리고,

기획서를 만들어 주고,

수정 요청을 넣고,

일정을 재조정한다면…

당신의 아이디어는 속도에서 이미 끝난다.

지금은 그걸 할 수 있는 도구가 있다.

그리고 그 도구를 조립할 수 있는 능력이

당신을 의존형 창업자가 아니라

자생형 설계자로 바꿔줄 것이다.

결론: '기술 의존'이 아니라 '기술 활용'이 창업의 본질이다

과거에는 코딩을 할 줄 아는 사람이

무조건 우위를 점했다.

기술을 가진 자만이 제품을 만들고,

수익을 창출하고,

스케일업할 수 있었다.

하지만 이제는 다르다.

"기술을 얼마나 알고 있느냐"보다

"기술을 얼마나 유연하게 **활용**할 수 있느냐"가

진짜 경쟁력이다.

당신이 개발자가 아니라는 건 약점이 아니다

당신이 가진 강점은 따로 있다:

- 고객의 니즈를 누구보다 잘 알고 있고,
- 콘텐츠를 만들고 유통하는 감각이 있으며,
- 문제를 빠르게 포착하고 개선하는 피드백 루프를 설계할 줄 안다.

그렇다면 남은 건 하나다.

기술 의존에서 기술 조율자로의 전환.

개발자가 아닌 '설계자'로서 질문하라.

이제부터 이렇게 질문하자.

"이거 개발자 없이 가능한가요?"

"이 흐름을 어떤 도구로 조립하면 될까요?"

"이건 코딩을 배워야 가능하죠?"

"GPT한테 설계 맡기고 내가 흐름만 조정할 수는 없을까?"

"시간이 너무 오래 걸릴 것 같아…"

"이걸 하루 안에 테스트해 볼 방법은 뭘까?"

이 질문을 던지는 순간,

당신은 더 이상 '기술의 외부인'이 아니다.

당신이 직접 설계하고 실행하는

자기 주도형 디지털 창업가로 전환하는 것이다.

개발자에 의존하던 시대는 끝났다.

기술을 활용하는 시대가 왔다.

그 기술은 당신 손안에 있다.

그리고 그걸 연결해 주는 구조가 바로 바이브코딩이다.

5) 변화하는 시장에 빠르게 대응하지 못하는 이유

- '늦은 실행'이 만드는 실패의 공식

> **시장은 기다려 주지 않는다**

지금도 누군가는

아이디어를 구상 중이다.

노트에 적어두고, 나중을 기약하고,

한 달 후, 혹은 내년쯤 실행하려고 한다.

하지만 동시에,

누군가는 오늘 GPT에게 물어보고,

내일 V0로 프로토타입을 만들고,

다음 주에 실제 유저를 모은다.

같은 아이디어라도

누가 먼저 시장에 내놓느냐에 따라

완전히 다른 결과가 나온다.

늦은 자는 아이디어를

먼저 실행한 사람의 사용자가 되어 버린다.

기존 시스템은 '속도'에 최적화되어 있지 않다

지금껏 많은 비즈니스가
계획 → 설계 → 개발 → 론칭 → 운영
이런 단계별 구조로 움직였다.
이 방식은 안전하지만, 느리다.

- 계획만 1~2개월
- 개발만 2~6개월
- 운영까지 최소 3개월 소요

그런데 지금의 시장은 다르다.

- 플랫폼 알고리즘이 한 달마다 바뀐다
- 소비 트렌드는 하루 만에 바뀌고,
- 사용자의 기대치는 주 단위로 진화한다

3개월 뒤는 '예상할 수 없는 미래'가 돼 버린다.
그런데 3개월 뒤에 제품을 내놓겠다고?
그건 이미 **타이밍을 놓친 시제품**일 뿐이다.

빠른 대응이 안 되는 이유: 실행 권한이 분산되어 있기 때문

많은 1인 창업자, 작은 팀, 프리랜서들이
실행 속도를 잃는 진짜 이유는
'결정권'이 아니라 '실행권'이 없기 때문이다.

- 기획자가 방향을 잡아도, 개발자 없으면 못 만든다
- 마케터가 인사이트를 얻어도, 디자인이 안 되면 못 배포한다
- 운영자가 문제를 발견해도, 기술자가 고치지 않으면 그대로다

실행에 필요한 '핸들'을 남이 쥐고 있는 상태
이게 느림의 본질이다.

바이브코딩은 어떻게 '실시간 실행 구조'를 만드는가

바이브코딩은 단순한 기술 조합이 아니다.
실행 흐름 전체를 내가 주도할 수 있도록 설계된 방식이다.
이건 곧, '속도'를 내가 컨트롤할 수 있다는 뜻이다.

가. 오늘 기획하고, 오늘 실행한다
예를 들어 이런 시나리오가 있다고 하자:
"최근 Z세대는 영상보다 짧은 퀴즈 콘텐츠에 더 반응한다는 데이터가 나왔다."

기존 구조라면:

- 기획안 작성 → 회의 → 퍼블리싱 요청 → 배포까지 2~3주

바이브코딩이라면:

- GPT에게 콘텐츠 기획 요청 →
- Tally로 퀴즈폼 생성 →
- Zapier로 결과 자동 메일링 설정 →
- 하루 안에 피드백 수집

트렌드 반영 속도가 최소 10배 이상 빠르다.

나. 수정이 빠르다 = 시장에 맞게 유연하게 움직인다

시장 피드백은 늘 변수다.

어제는 A 기능이 인기였다가,

오늘은 B 기능이 중요해졌다.

기존 시스템이라면:

- 기능 수정 요청 → 스펙 변경 → 개발 재작업 → QA → 반영

바이브코딩은:

- Notion DB 수정 → 자동화 연결 재설정 → 10분 내 반영
- GPT에게 수정 요청 텍스트 전달 → 텍스트 교체 완료
- 페이지 수정: Typedream에서 직접 클릭 수정

기능, 콘텐츠, 흐름 전부 내가 손으로 '바로' 수정할 수 있다.

다. 실행자가 곧 전략가, 운영자, 개발자다

이게 진짜 핵심이다.

바이브코딩의 구조는

'누구한테 맡겨야 하지?'라는 질문 자체를 없애 준다.

- 기획자이면서 디자이너처럼 화면 구성
- 마케터이면서 자동화 흐름을 직접 설계
- 운영자이면서 사용자 DB를 직접 관리
- 전략가이면서 기술자의 역할까지 소화

이건 곧 **속도 = 권한 + 도구 + 시스템**이라는 뜻이다.

그리고 이 세 가지가 모두

1인 창업자 본인 손 안에 들어왔다는 것,

그게 바이브코딩의 본질이다.

결론: 속도를 가진 자가 시장을 이긴다

시장에서는 누가 더 똑똑한가가 아니라,

누가 더 빨리 실행하고, 더 빨리 피드백 받고, 더 빨리 개선하는가가 이긴다.

느린 사람은 정답을 알고 있어도 진다.

빠른 사람은 틀렸다가도 다시 이긴다.
왜냐면 시장은 늘 움직이고,
실행은 그 흐름을 쫓는 싸움이기 때문이다.

과거에는 '정확성'이 중요했다.
지금은 '속도'가 전부다.
기획서를 한 달간 다듬는 사이에
누군가는 3번 론칭하고,
5번 실험하고,
실패하면서도 유저를 얻는다.
그 사람의 서비스가 비록 완벽하지 않더라도,
시장은 그를 먼저 기억하게 된다.

바이브코딩은 당신에게 '속도'를 준다.

- 아이디어가 생기면,
- GPT가 바로 설계하고
- 도구가 연결되고
- 프로토타입이 당일 안에 만들어진다
- 다음 날이면 사람들에게 보여줄 수 있다

이건 개발자를 뛰어넘는 게 아니다.
기회를 잡는 속도를 되찾는 것이다.

그리고 이제는 실행력이 있는 사람이, 진짜 창업자다.

- 코딩 없이도
- 팀 없이도
- 예산 없이도
- 툴과 흐름을 이해하고
- 빠르게 움직이는 사람

그 사람이 이 시장에서 살아남는다.

당신이 지금 아이디어가 있다면,
더 이상 '타이밍'을 잃지 마라.
바이브코딩은 지금 당장 실행할 수 있는 유일한 무기다.

4

1인 창업가의 디지털 딜레마

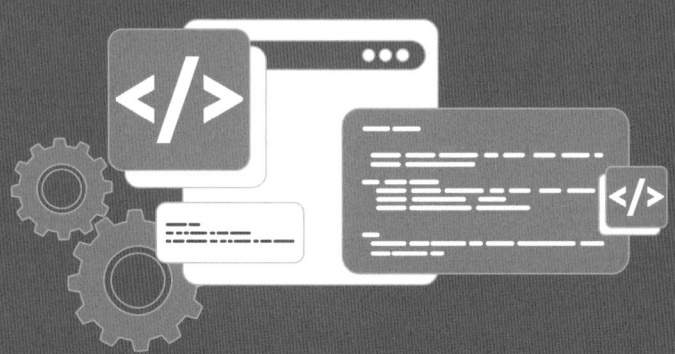

1) 아이디어는 많은데 실행이 어려운 이유

- 창의력은 넘치는데, 현실은 멈춰 있다

> **아이디어는 '넘쳐나는데', 왜 실행은 '0건'일까?**

사람들은 아이디어가 없어서 실패하지 않는다.
정반대다.

아이디어는 너무 많다.

- 출퇴근길에 떠오른 앱 아이디어
- 카페에서 메모해둔 온라인 클래스 주제
- 친구와 얘기하다 나온 콘텐츠 비즈니스
- 잠들기 전 정리한 브랜드 스토리 기획안

하지만 다음 날 아침, 현실은 이렇다.
"이거 어떻게 만들어야 하지?"
"이건 누구한테 맡겨야 하지?"
"내가 지금 이걸 시작해도 괜찮을까?"

"아직 부족한 것 같아…"

망설임 → 미루기 → 잊힘 → 종료

결국 메모장은 아이디어 무덤이 되고,

실행된 건 단 하나도 없다.

실행을 막는 건 '능력'이 아니라 '구조'다

사람들은 보통 이렇게 말한다:

"내가 기술을 몰라서…"

"시간이 부족해서…"

"아직 준비가 안 돼서…"

하지만 진짜 이유는 그게 아니다.

아이디어 → 실행까지 가는 '구조' 자체가 없다.

즉, 어떻게 해야

- 아이디어를 구체화하고
- 그걸 실제로 만들고
- 시장에 빠르게 보여 주고
- 피드백 받고 개선하는지

이 전체 흐름이 '머릿속에 없다.'

실행력의 부족은 능력의 부족이 아니다.

'실행 루트'를 모르기 때문에 생기는 마비다.

실행 루트가 보이지 않을 때 사람들은 이렇게 포기한다

가. "완벽한 계획부터 세우자" → 계획 중독

아이디어는 떠올랐지만
'실행'이 막막하니까 이렇게 생각하게 된다:

"일단 좀 더 조사해 보자."
"비슷한 사례를 찾아보자."
"이건 좀 더 정리한 다음에 해야지."
"비즈니스 모델 캔버스부터 써야겠다."

그렇게 사람들은
행동 대신 조사를 선택하고,
실행 대신 정리를 반복한다.

결과는?
기획 문서만 쌓인다.
그리고 다시 머릿속에 저장된다.
그러다 결국 잊힌다.

나. "이건 나중에 개발자 만나면 하지 뭐" → 외부 의존 마인드
다음으로 자주 나오는 흐름은 이거다:

"지금은 못 하지만, 나중에 개발자 붙으면 가능하겠지."
"이건 프론트엔드가 필요하니까 외주 맡겨야 해."
"복잡한 시스템이니까 당장은 힘들고 나중에 하자."

이 말들의 공통점은?
실행의 키를 '내가 아닌 누군가'에게 넘긴다는 것.
그리고 그 누군가는

- 시간이 없고
- 일정이 밀리고
- 예산이 필요하고
- 결과물에 만족스럽지 않을 수 있다

이 구조가 반복되면,

실행은 다시 무기한 보류된다.

다. "이건 나중에 더 좋은 아이디어로 발전시켜야지" → 자기 검열 루프

마지막으로 가장 흔한… 그리고 가장 치명적인 패턴:

"이건 좀 더 다듬어서 나중에 해야겠다."
"지금은 이게 별로일 수도 있어."
"좀 더 잘 정리되면 공유해야지."

이건 겉보기엔 '성찰' 같지만,

사실은 **두려움에 기반한 자기 검열**이다.

- 실패할까 봐
- 부족하단 소리 들을까 봐
- 아직 준비 안 됐다는 핑계로

→ 아예 실행하지 않는다.

결국 3가지 다 똑같은 결론이다:

"나는 아이디어만 있을 뿐, 실제로 해 본 건 없다."

아이디어가 많은 사람일수록 실행이 더 어려운 이유

가. 선택지가 많아질수록 '실행력'은 분산된다

당신이 아이디어가 하나만 있다면

그걸 실행하는 데 집중할 수 있다.

하지만 아이디어가 10개, 100개라면?

"이게 더 나은 것 같기도 하고…"

"그땐 이게 유행이었는데, 지금은 아닌 것 같고…"

"일단 정리부터 하고 우선순위 다시 잡자…"

결국 한 가지를 선택하지 못한 채,

모든 아이디어가 **잠재력**으로만 남는다.

현실화된 건 아무것도 없다.

나. 머릿속이 복잡할수록 '첫 걸음'이 늦어진다

아이디어가 많다는 건

머릿속에 시뮬레이션이 많다는 뜻이다.

- 이건 이렇게 만들면 좋을 것 같고
- 저건 이런 구조가 더 효율적이고
- 이건 이런 기능까지 넣어야 성공할 수 있어

계획의 깊이가 실행을 압도한다.

그래서 시작하지 못한다.

사람은 준비가 완벽할수록

실패를 더 두려워하게 된다.

다. 높은 창의성은 낮은 실행성과 연결되기 쉽다

이건 조금 아이러니하지만, 진짜다.

창의적인 사람일수록 더 많이 상상하고,

더 멀리 예측하고,

더 넓게 연결하기 때문에

현실의 '작고 서툰 시작'을

쉽게 폄하하거나, 미뤄 버리기 쉽다.

"이렇게 허접한 걸로 시작할 순 없어."

"내 수준은 이게 아닌데…"

"더 좋은 구상 나올 때 시작하자."

그래서 아이디어는 점점 거대해지고,
현실과의 간극은 더 벌어진다.

실행을 가능하게 하는 건 '간단한 시스템'이다

가. 아이디어는 '복잡성'에서 나지만, 실행은 '단순성'에서 시작된다
사람들이 착각하는 게 있다.
"이건 복잡하니까, 만들기도 복잡해야 돼."
"이건 규모가 크니까, 시작도 크고 정교해야 돼."
아니다.
복잡한 아이디어일수록,
더 단순한 방식으로 시작해야 한다.
실행은 처음부터 완성형일 필요가 없다.
그저 시장에서 유효한지 실험할 수 있는
'최소한의 흐름'만 있으면 된다.
그걸 가능하게 만드는 게 바로 **바이브코딩 구조**다.

나. 실행을 위한 가장 작은 단위: 3개만 결정하자
1. 누가 사용할까?
2. 어떤 흐름으로 작동할까?
3. 어떤 도구로 만들 수 있을까?

이 3가지가 정리되면

GPT에게 물어보면 되고,

툴을 골라 연결하고,

하루 만에 테스트할 수 있다.

실행은 **완성의 결과가 아니라, 흐름의 시작**이다.

다. '복잡함을 줄이는 능력'이 곧 실행력이다

실행력이 좋은 사람들의 공통점은

불필요한 걸 제거하는 속도가 빠르다.

- 핵심만 남기고
- 빠르게 만들어 보고
- 실제 사용자 반응을 본 뒤
- 그때 가서 개선한다

이게 바로 MVP 사고방식이고,

바이브코딩이 전제하는 실행 철학이다.

결론 - 실행력은 재능이 아니라 구조다

사람들은 흔히 이렇게 생각한다.

"나는 실행력이 부족한 사람이야."

"게으른가 봐."

"계획은 잘하는데 실행은 항상 약해."

하지만 정말 그런 걸까?

아니다.

당신은 실행력이 부족한 게 아니라,

실행할 수 있는 구조가 없었을 뿐이다.

구조가 없으면 아무리 뛰어난 사람도 멈춘다.

- 아무리 열정이 있어도, **흐름이 없으면** 시작 못 한다
- 아무리 시간이 있어도, **무엇부터 해야 할지 모르겠으면** 미뤄진다
- 아무리 아이디어가 좋아도, **실행 루트가 안 보이면** 무력해진다

실행은 **성격도, 재능도, 근성도 아니다.**

그저 내가 바로 움직일 수 있는

구조, 흐름, 시스템이 있느냐 없느냐의 문제다.

바이브코딩은 바로 그 실행 구조를 만든다.

- 아이디어를 정리하는 데 GPT가 있고
- 시스템을 연결하는 툴들이 있고
- 시각화하고 배포할 수 있는 인터페이스가 있다
- 무엇보다 **개발자나 팀 없이도 혼자 할 수 있다**

이건 무기가 아니다.
기본값이 바뀐 시대의 생존 전략이다.

정리하자면,
당신에게 필요한 건 더 많은 아이디어가 아니라
아이디어를 움직이게 해 주는 실행 루트고,
그 루트를 가장 빠르고 단순하게 만드는 방법이
바로 **AI 기반 바이브코딩 흐름**이다.

2) 처음엔 쉬웠는데 나중에 고칠 수 없는 디지털 구조

- 왜 나중으로 미룬 문제가 결국 가장 큰 문제인가

> 빠르게 만들었는데, 어느 순간 '아무것도 고칠 수 없게' 된다

처음엔 너무 쉬웠다.

무료 툴을 쓰고, 템플릿을 가져다 쓰고,

GPT한테 자동으로 글도 만들게 하고,

링크 몇 개 연결해서 이메일 자동 발송까지 했다.

심지어 한 달 만에 매출이 나왔고,

사람들이 서비스를 썼다.

하지만 어느 순간부터 이상해졌다.

- 고객 수가 늘자, 시스템이 자꾸 오류를 낸다
- 텍스트 수정 하나 하려 해도 어디서 해야 할지 모르겠다
- 자동화한 흐름이 뭔가 꼬이기 시작했다
- 처음 만든 구조에 내가 갇힌 느낌이다

그리고 결정적으로…

"이제 와서 전체를 다시 만들기는 무섭다."

"누가 처음에 이렇게 짜놨는지도 기억이 안 난다."

"그때는 그게 최선이었다고 생각했는데…"

이게 바로 '기술 부채'다.

지금은 빠른 길이, 나중엔 발목을 잡는 이유다.

기술 부채란 결국 '미뤄둔 문제의 이자'다

'부채'라는 단어는 원래 지금 당장 갚지 않아도 되지만,

나중에 이자까지 붙여 갚아야 하는 빚을 의미하지.

기술 부채도 똑같다.

처음에는 이렇게 생각한다:

"일단 되는 대로 만들어 보자."

"복잡하게 짜면 늦어진다. 지금은 빨리 보여주는 게 중요해."

"나중에 시간 나면 정리하지 뭐."

그래서 당장 되는 방식으로 연결하고,

매뉴얼 없이 툴을 붙이고,

중간 중간 GPT 답변으로 급한 부분을 메운다.

그 결과:

- 문서화되지 않은 시스템

- 누가 봐도 이해 안 되는 연결 구조
- 툴이 많아졌지만 통제가 안 되는 흐름
- 조금만 수정하려 해도 전체가 무너지는 상태

이게 쌓이면 나중에 어떤 일이 생기냐면,
'무너질까 봐 아무것도 못 건드리는 시스템'이 된다.
그리고 그때부터는
고치려고 해도, 고칠 수가 없다.

작은 예시: Notion + Zapier + Tally 조합
어느 1인 창업자가

- Notion으로 콘텐츠 기획 정리
- Tally로 설문 받고
- Zapier로 자동 메일 발송

이 구조를 만들었다.
처음엔 너무 잘 돌아갔다.
3주 만에 500명 응답자, 매출도 발생.
그런데 문제는 여기서 시작된다:

- 템플릿을 계속 덮어쓰다 보니, 연결 상태 꼬임
- Zapier에 어떤 트리거가 어느 워크플로우에 연결됐는지 알 수 없음

- Notion 데이터베이스가 엉켜서 검색도 안 됨

그리고 어느 날,
메일이 안 나간다는 문의가 쏟아진다.
그때 깨닫는다.
"이걸 만든 사람은 나인데,
지금은 내가 만든 시스템을 내가 이해 못 하겠다."
이게 바로 기술 부채가 불러오는 현실적인 공포다.

기술 부채가 실행력을 마비시키는 3가지 방식

가. 수정 불가 상태 → '건드릴 수 없는 시스템'이 된다
처음에는 사소했던 문제들이
나중엔 이렇게 바뀐다:

- "이 부분만 고치면 되는데 어디서 바꿔야 할지 몰라"
- "자동화 흐름 중 어디서 꼬인 건지 추적이 안 돼"
- "예전에는 잘 됐는데 지금은 왜 오류 나는지 모르겠어"

결국 고치지 않고 방치하게 된다.
그러다 어느 순간
문제가 쌓여서 전체가 멈춘다.
이게 '실행 정지'를 부르는 첫 번째 방식이다.

나. 새로운 아이디어 도입 불가 → '유연성 마비'

시장 흐름이 바뀌고,

새로운 콘텐츠 포맷이 뜨고,

사용자 요구도 달라진다.

하지만 시스템이 이렇다면?

"기존 구조랑 안 맞아서 새 기능 추가가 안 돼요."

"지금 흐름 수정하려면 다 다시 짜야 해요."

"새로운 도구를 붙일 수 없어요. 복잡해져서."

결과적으로 새로운 시도를 할 수 없는 구조가 된다.

당신의 창의성과 실행력이 시스템에 막히게 된다.

변화에 대한 반응 속도가 점점 느려지고,

시장과의 거리도 멀어진다.

다. 외주 의존 심화 → '내가 만든 걸 내가 못 다룬다'

처음엔 내가 직접 했지만,

점점 복잡해지면서 이렇게 된다:

- "이건 전문가 불러야겠다."
- "이건 이제 내가 못 고쳐."
- "매번 외주 맡기자니 비용도 시간도 감당이 안 돼."

결과적으로

'내가 만든 시스템을 외부에 맡겨야 하는' 아이러니가 온다.

그리고 더 무서운 건,

그 누구도 이 시스템 전체를 완전히 이해하지 못한다는 사실.

이제 시스템이 당신을 도와주는 게 아니라,

당신이 시스템을 '관리하는 데 시간과 돈을 쓰는 구조'가 된다.

기술 부채를 피하려면 처음부터 '이렇게' 설계하라

가. '지금'만 보지 말고 '다음 단계'를 예상하라

실행 속도를 빠르게 하되,

다음 단계에서 고치기 쉬운 구조로 시작하는 게 핵심이다.

예를 들어 이런 질문을 미리 던져 보자:

- "지금 이 자동화는 고객이 10배 늘어나면 유지될 수 있나?"
- "이 흐름은 다른 도구랑 쉽게 연결 가능하게 열려 있나?"
- "이 데이터는 나중에 분석하거나 재활용할 수 있게 정리되어 있나?"

속도와 구조 사이에서

'유지 가능한 단순성'을 목표로 설계하는 것.

이게 기술 부채를 막는 1차 방어선이다.

나. 툴을 고를 때는 '연결성'과 '문서화' 기준으로 본다

지금 당장 쓰기 쉬운 툴이 아니라,

나중에 확장하거나 수정하기 쉬운 툴을 선택해야 한다.

- Google Sheets, Airtable처럼 구조가 명확한 DB
- Notion은 다 좋지만, 복잡해질수록 구조 설계가 중요
- 자동화는 Zapier나 Make처럼 시각적 흐름이 보이는 툴
- GPT는 모든 흐름을 문서화/대화 기록 형태로 남길 수 있는 방식 활용

도구 하나 고를 때마다

"이걸 나중에 누가 봐도 이해할 수 있을까?"

자문해야 한다.

다. 흐름을 만든 뒤엔 반드시 '지도'를 남겨라

시스템을 만들었으면

그 구조를 **간단한 흐름도**나 **문서**로 정리하자.

예:

[프로젝트 흐름 예시]

가. 사용자가 Tally로 입력

나. Zapier로 Notion에 자동 저장

다. 저장된 데이터를 GPT가 요약

라. 이메일 자동 발송 (Gmail API)

마. 이메일 반응은 Google Sheet에 로그

이렇게 한눈에 흐름을 그려 놓으면
나중에 누가 봐도 이해하고,
고치거나 개선하기도 쉬워진다.
기술 부채는 **문서화가 안 된 시스템**에서 가장 먼저 생긴다.

> **결론 - 고칠 수 없는 구조보다, 다시 시작할 수 있는 구조가 낫다**

기술 부채의 본질은 '빠른 선택'이 아니다.
빠른 선택 후, 고칠 수 없는 상태로 방치된 것이다.
사람들은 빠르게 만들고 싶어 한다.
좋다. 그래야 시장에 반응할 수 있고,
실험을 할 수 있으며,
돈을 벌 기회도 잡을 수 있다.
하지만 **실행과 설계가 동시에 멈추는 순간**,
그 구조는 '고정된 틀'이 아니라 '덫'이 된다.

당신이 만든 시스템은 당신의 창의력을 지지해야 한다.
당신의 서비스는 끊임없이 바뀌어야 한다.
콘텐츠도 변하고, 고객도 바뀌고, 트렌드도 사라진다.
그때마다 **시스템이 따라주지 않으면, 창의성은 갇힌다.**

- 아이디어가 나왔을 때 "이거 되나?"가 아니라
- "이거 어떻게 붙이면 되지?"로 반응할 수 있어야 한다

그게 바로 **유연한 구조**고,
바이브코딩이 지향하는 방향이기도 하다.

바이브코딩은 '변화에 강한 창업 구조'를 만드는 방식이다.

- 단순한 도구 조합
- 흐름 기반의 실행 설계
- 쉽게 수정 가능하고
- 내가 만든 걸 내가 다룰 수 있게 한다

당장은 빠르게 만들 수 있고,
나중에는 무너지지 않게 유지할 수 있다.
그게 기술 부채 없는 실행 구조고,
당신이 이 책에서 가져가야 할 핵심 구조다.

3) 소규모 비즈니스의 기술 도입 장벽

- 왜 시스템을 알면서도 시작조차 하지 못할까

'기술을 모르는 게 아니라, 기술이 두려운 것'

많은 1인 창업가와 프리랜서, 강사, 작가, 콘텐츠 크리에이터들이 기술을 "몰라서" 안 쓰는 게 아니다.

오히려 그들은 알고 있다.

- 블로그에 GPT를 연결하면 자동 포스팅이 가능하다는 것
- Zapier를 쓰면 다양한 자동화를 쉽게 구축할 수 있다는 것
- Notion이나 Airtable로 데이터를 관리하면 체계가 잡힌다는 것

그런데도 여전히 수작업에 머무르고,
매번 똑같은 콘텐츠를 새로 만들고,
같은 과정을 반복하고 있다. 왜일까?
기술은 모르는 게 아니라, **막연히 무섭고 복잡하게 느껴지기 때문**이다.
더 정확히 말하면, "어디서부터 어떻게 시작해야 할지 모르기 때문"이다.

문제는 '툴'이 아니라 '설계 능력'의 부재

기술 도구는 매년 쏟아진다.
노코드 빌더, 자동화 플랫폼, AI 생성기, 템플릿 모음집…
툴은 이미 충분하다. 아니, 넘쳐난다.
하지만 툴이 많아질수록 더 혼란스러워진다.
툴 하나하나를 배우는 데만 에너지가 빠지고,
어떤 툴이 나에게 맞는지 판단조차 어렵다.
예를 들어 이런 질문이 튀어나온다:

- "이건 마케팅에 쓰는 건가요? 운영 자동화도 되나요?"
- "GPT로 이메일도 만들 수 있나요?"
- "Notion으로 고객관리도 가능한가요?"
- "이걸 혼자 설정하려면 몇 시간이 걸릴까요?"

이 질문들의 핵심은 툴에 대한 정보 부족이 아니다.
어떻게 흐름을 설계해야 할지에 대한 감각 부족이다.
비즈니스 흐름을 디자인하는 능력이 없으면,
툴은 오히려 *복잡한 문제를 만드는 도구*가 된다.

기술 도입이 '시간 절약'이 아니라 '시간 낭비'처럼 느껴지는 이유

아이러니하게도, 기술을 도입하면 **시간을 아낄 수 있다**는 건 모두 안다.

그런데 실제로 기술을 적용하려고 하면 사람들은 **시간을 더 쓰게 된다.**
그리고 이렇게 말한다:

"이걸 적용하려고 하루를 다 날렸어요."
"툴을 연결하려다 망가졌어요."
"세팅하다가 결국 다시 수작업으로 돌아갔어요."

왜 이런 일이 생길까?
그건 기술이 복잡해서가 아니라,
기술을 '일회성 설정 작업'으로만 보기 때문이다.

시스템은 '한 번 셋업'이 아니라 '흐름 설계'가 핵심이다

많은 사람들이 기술 도입을 **설정과 설치**의 문제로만 본다.

- "Zapier만 연결하면 되겠지."
- "GPT 프롬프트 하나 쓰면 끝이겠지."
- "자동화해 놨으니까 이젠 신경 안 써도 되겠지."

하지만 현실은 다르다.
기술은 '도입'이 끝이 아니라 **흐름 안에서 계속 작동하도록 관리**되어야 한다.
즉, **기술은 '자동'이 아니라 '지속적으로 개선되는 구조'여야 한다.**
예를 들어, 뉴스레터를 매주 발송한다고 해 보자.

- 이메일 리스트를 Google Sheet에 저장
- 작성된 콘텐츠를 Notion에서 관리
- 발송은 MailerLite로 연결
- 열람률, 클릭률, 이탈률 등 데이터를 분석해서 다음 콘텐츠에 반영

이 흐름은 처음에만 세팅한다고 끝이 아니다.

계속 테스트하고 개선하면서 '데이터 기반 콘텐츠 루틴'으로 정착시켜야 한다.

그런데 대부분은 이렇게 하지 못한다. 왜?

"기술 도입"을 **프로젝트로만 보고, 프로세스로 이해하지 못하기 때문**이다.

'기술팀 없이 운영한다'는 말이 갖는 착각과 한계

요즘 유튜브, 블로그, 강의 콘텐츠만 봐도
"이젠 개발자 없이도 앱 만들 수 있다"
"코딩 없이도 비즈니스를 시작할 수 있다"
는 메시지들이 쏟아진다.

맞다.

정확히 말하면, "시작은" 할 수 있다.

하지만 그 말이 곧

"끝까지 혼자 모든 기술 흐름을 관리할 수 있다"는 뜻은 아니다.

혼자서 만든 시스템은 결국 '혼자만 이해할 수 있는 시스템'이 된다.

바이브코딩을 배우지 않은 대부분의 1인 창업가는
자신만의 방식으로 도구들을 억지로 연결한다.
예를 들어,

- 이메일은 구글시트로 정리
- 설문은 타입폼으로 받고
- 고객 응답은 카카오톡으로 받고
- 예약은 네이버폼으로 수기 입력
- 자동화는 구글 앱스 스크립트로 복잡하게 작성

이렇게 운영이 되긴 하지만,
문제는 **이 시스템이 창업자 본인 말고는 아무도 이해할 수 없다는 점**이다.
그래서 생기는 현상:

- 직원에게 맡기지 못함 → 전부 본인이 직접 해야 함
- 흐름을 바꾸지 못함 → 시장이 변해도 그대로 운영
- 작은 문제 생겨도 대처 못함 → "건드리면 망가질까 봐"

이런 구조는 비즈니스가 아니라
'창업자의 체력과 시간에 의존한 고립된 작업 시스템'이다.

결국, 사람보다 '흐름'이 먼저 갖춰져야 한다
많은 창업자가 수익이 늘면 가장 먼저 사람부터 뽑는다.

도움을 줄 팀원이 필요하다고 느끼기 때문이다.

하지만 **사람이 아니라 흐름이 먼저 있어야 한다.**

- 어떤 정보를 어디에 기록해야 하는지
- 고객과의 접점이 어디서 어떻게 발생하는지
- 반복 작업을 어떤 방식으로 처리할 수 있는지

이런 흐름이 명확해야

누구를 뽑든, 어떤 도구를 쓰든, **비즈니스가 멈추지 않는다.**

즉, **기술은 혼자 하기 위한 게 아니라,**

함께하기 위한 기본 구조다.

기술은 결국 '내가 통제할 수 있는 흐름'이어야 한다

기술은 더 이상 '전문가의 영역'이 아니다.

하지만 그렇다고 해서

모두가 기술을 능숙하게 다룰 수 있는 것도 아니다.

그 중간지점에 있는 개념이 바로

'바이브코딩이 말하는 '내가 통제할 수 있는 기술 흐름'이다.

기술을 통제한다는 건 무슨 뜻일까?

이건 단순히 "툴을 사용할 수 있다"는 의미가 아니다.

다음과 같은 질문에 스스로 답할 수 있어야 한다:

- 지금 어떤 데이터가 어디에서 모이고, 어디로 흘러가는가?
- 이 흐름을 바꾸려면 어떤 부분을 수정해야 하는가?
- 문제가 생겼을 때 누구의 도움 없이 어디서 점검해야 하는가?
- 이 작업이 반복된다면 어떤 방식으로 자동화할 수 있는가?

이 질문에 막힘없이 대답할 수 있을 때,
당신은 **도구를 쓰는 사람**이 아니라 **흐름을 설계하는 창업가**가 된다.

바이브코딩은 기술이 아니라 '흐름 중심의 사고법'이다
바이브코딩이 강조하는 건 툴 사용법이 아니다.
비즈니스 흐름을 기준으로 기술을 설계하는 감각이다.

- 반복되는 일을 리스트업하고,
- 흐름 단위로 나누고,
- 어떤 도구가 어디에 들어가야 할지 정리하고,
- 실행 순서를 기준으로 시스템을 설계하는 방식

이게 바로
기술을 통제 가능한 언어로 바꾸는 방식,
즉 나의 언어로 기술을 재해석하는 능력이다.

결론: 기술은 '빠르게 쓰는 무기'가 아니라, '지속가능한 실행 구조'다.

지금 이 순간에도 많은 창업자들이

GPT, 노코드 툴, 자동화 도구를 설치하고 지우고,

해 보다가 실패하고, 다시 돌아오고를 반복하고 있다.

하지만 이 책에서 말하는 **AI 바이브코딩**은 다르다.

우리는 **도구가 아니라 흐름을 중심으로,**

기술을 **복잡함이 아니라 단순한 실행 단위**로 바라본다.

그렇게 해야만 기술은 부담이 아니라

당신의 시간과 창의력을 보호하는 방패가 된다.

4) 창의성과 실행력 사이의 간극

- 머릿속의 기획은 날아다니고, 손은 늘 바닥에 붙어 있는 이유

아이디어는 넘치는데, 결과물이 없는 이유

1인 창업자들의 강점은 '아이디어'다.
머릿속엔 늘 기획이 있다.

"이런 콘텐츠를 만들어야겠다."
"이런 온라인 클래스 기획하면 잘 될 것 같아."
"고객 문의를 자동화하면 시간을 아낄 수 있을 텐데."

그런데 이상하게도,
결과물은 하나도 없다.
혹은 나온다고 해도 일정이 밀리고, 퀄리티는 낮고, 반복되지 않는다.
그 이유는 단 하나다.
아이디어와 실행 사이에 '구조'가 없다.

> **창의성은 흐름 없이는 작동하지 않는다**

많은 사람들이 창의성을 '즉흥적인 번뜩임'이라고 착각한다.
하지만 실은 그 반대다.
창의성은 루틴과 시스템 속에서 가장 강하게 작동한다.
가장 창의적인 작가, 디자이너, 기획자들은
일정한 시간에 작업하고, 자신만의 방식으로 생각을 정리하고,
아이디어를 구체화할 수 있는 시스템을 갖고 있다.
이 시스템이 없다면?

- 아이디어는 '메모'에서 끝난다
- 콘텐츠는 '기획서'로만 남는다
- 제품은 '말'에서 그친다

바이브코딩은 여기에 시스템을 입힌다.

- 아이디어가 나오면 바로 프로토타입을 생성하고
- 실행 흐름을 자동화로 묶고
- 고객 반응을 측정 가능한 데이터로 바꾸고
- 반복 가능한 루틴으로 전환시킨다

즉, **창의력을 구조화해서 '계속 실행할 수 있는 방식'으로 만든다.**

'생각은 큰데 시작은 못 하는 사람들'의 공통점

창업 관련 커뮤니티나 스터디 그룹을 보면
늘 '아이디어 많은 사람'들이 있다.

- "이걸 NFT랑 연결하면 대박일 것 같아요."
- "유튜브 콘텐츠랑 전자책을 묶어서 패키지로 내면 괜찮지 않나요?"
- "GPT로 지역 상권 리뷰를 자동화하면 수익화할 수 있을 것 같은데…"

말은 거창하다. 기획은 훌륭하다.
그런데 이상하게 시작을 안 한다.
이유는 단순하다.
'시작하기 위해 필요한 단계를 정리하지 못했기 때문'이다.

아이디어 → 실행 사이엔 최소 3단계가 필요하다.
아이디어가 생긴 순간,
곧장 실행으로 가는 사람은 거의 없다.
그 사이엔 이런 절차가 필요하다:

가. 기획 흐름 정리: 아이디어를 3~5개의 구체적인 작업 단위로 쪼개기
나. 실행 루트 정의: 각각의 작업을 어떤 도구나 방법으로 처리할지 정하기
다. 파일럿 실행: 일단 1회성으로라도 시범 제작해 보기

이 구조를 모르고 그냥
"좋은 생각인데 어떻게 시작하지?"라고만 반복하면,
결국 실행은 시작되지 않는다.

이 갭을 메우는 도구가 '바이브코딩 사고법'이다.
바이브코딩은 단순히 "GPT 잘 쓰는 법"이 아니다.
아이디어를 바로 실행 가능한 형태로 번역하는 사고의 흐름이다.

예:
아이디어: "전문가 인터뷰 콘텐츠 만들기"
바이브코딩 흐름 적용
→ GPT로 인터뷰 질문 생성
→ Notion에 인터뷰 스크립트 정리
→ Zapier로 인터뷰 영상 요약 자동화
→ Canva 템플릿으로 SNS용 카드뉴스 제작
→ Buffer로 예약 발행 자동화

이렇게 흐름이 보이면
아이디어는 더 이상 머릿속에 머무르지 않는다.
실행으로 이송되는 구조 안으로 들어간다.

창의적인 사람일수록 '틀'을 무서워하지만, 틀이 있어야 날 수 있다

아이디어가 많고 감각이 뛰어난 사람일수록
'틀', '루틴', '시스템'이라는 말을 싫어한다.
"그건 너무 정형화된 방식이잖아요."
"나는 틀에 갇히면 창의력이 죽어요."
"일정하게 하면 재미가 없어서 안 해요."
하지만 현실은 정반대다.
틀이 없으면 창의력은 흩어진다.
틀이 있어야 창의력은 축적된다.

창의력은 '반복 가능한 구조' 위에서 성장한다.
당신이 만든 콘텐츠가 단발성으로 끝난다면,
그건 좋은 아이디어였을 뿐
브랜드 자산은 쌓이지 않는다.
예를 들어 보자.

- 유튜브 영상을 한 편 만들어 봤다.
- 그런데 너무 힘들어서 두 번째는 못 만들었다.
- 뉴스레터를 써 봤다. 반응은 좋았는데 발송까지 너무 복잡했다.
- GPT를 써서 글을 만들어 봤다. 좋았지만 계속 활용하기엔 복잡하다.

결국 당신은 이런 말로 마무리한다:

"좋긴 했는데… 너무 힘들어."

"다음엔 좀 여유 생기면 다시 해 볼게."

→ 그리고 다음은 없다.

시스템은 '창의성의 리허설 공간'이다.

바이브코딩의 핵심 철학은 이거다:

"창의성을 위한 시스템은, 정형화가 아니라 반복 실험의 틀이다."

GPT도, Canva도, 자동화 툴도

처음에는 정해진 프롬프트, 템플릿, 흐름으로 시작한다.

하지만 이걸 반복하는 사이에 당신만의 방식이 생긴다.

- 같은 흐름이라도 다르게 포장하는 스킬
- 반복적인 콘텐츠 속에서 자신만의 관점 뽑아내기
- 자동화된 틀 안에서 비효율을 발견하고 개선하기

즉, 틀 안에서 날아보는 연습이 쌓일수록

당신의 창의력은 '기분'이 아니라 '시스템'이 된다.

> 실행력이 곧 브랜딩이 되는 시대

- 당신이 선택해야 할 건 '반복 가능한 창의성'이다

과거에는 브랜드란 **이미지**였다.

한 번 잘 만든 광고, 예쁜 로고, 감성 있는 콘텐츠가 브랜드를 결정했다.

하지만 지금은 아니다.

요즘 소비자와 사용자는 '**계속 등장하는 사람**',

'**꾸준히 행동하는 사람**'을 신뢰한다.

"이 사람은 매주 새로운 콘텐츠를 올린다."

"이 브랜드는 매번 유용한 정보를 준다."

"이 서비스는 항상 업데이트되고 있다."

이제 브랜드는 말이 아니라

행동의 누적으로 만들어진다.

실행이 누적될수록 '콘텐츠 자산'이 쌓인다.

GPT로 콘텐츠를 만들고,

노션으로 정리하고,

자동화해서 배포한다는 것은 단순히 시간을 아끼는 일이 아니다.

그건 당신이 매주, 매달, 꾸준히

세상에 신호를 보내는 시스템을 갖췄다는 뜻이다.

이게 계속되면

- 콘텐츠는 자산이 되고,
- 고객의 기억 속에 자리 잡고
- 알고리즘도 당신을 기억한다.

그리고 어느 날

'처음 보는 고객조차 당신을 신뢰하게 되는 현상'이 벌어진다.

이게 바로 브랜드가 되는 과정이다.

반복 가능한 창의성은 결국 '실행 루틴'에서 나온다.

이 책이 말하는 바이브코딩은

GPT 프롬프트, 자동화 도구, 마케팅 시스템에 대한 이야기가 아니다.

이건 결국 "지속적으로 창의력을 꺼내는 구조"를 만드는 이야기다.

- 혼자서 매번 처음부터 기획하지 않아도 되게
- 빠르게 실험하고 반응 볼 수 있게
- 실패해도 다시 돌아올 수 있게
- 무엇보다, 계속 나아갈 수 있게

그런 시스템을 만들기 위한 도구이자 프레임워크가 바로
AI 바이브코딩이다.

5) 왜 많은 디지털 프로젝트가 중단되는가?

- 시작은 쉬웠지만, 끝까지 간 사람은 거의 없다

끝까지 가는 사람보다, 시작만 한 사람이 훨씬 많다

전자책을 만들겠다고 한 사람,

온라인 강의를 찍겠다고 한 사람,

GPT를 활용한 블로그 자동화를 하겠다고 한 사람.

정말 많다.

실행도 했다.

초기 세팅도 하고, 디자인도 잡고, 플랫폼도 가입했다.

그런데… 몇 주 후엔 아무 흔적이 없다.

- 영상은 하나만 업로드됨
- 전자책은 목차까지만 존재
- 자동화는 중간에 오류 나서 중단
- Notion은 텅 빈 상태로 방치

디지털 프로젝트의 진짜 문제는 시작이 아니라 '지속'이다.

실패가 아니라 '피로 누적'으로 멈춘다

대부분의 프로젝트가 중단되는 이유는
대박이 안 나서도, 반응이 나빠서도 아니다.
대부분은 **피로 때문이다.**

- "처음엔 재밌었는데, 반복하니까 지친다."
- "결과가 바로 안 나오니까 의욕이 떨어진다."
- "다음 단계를 생각하니까 머리가 아프다."
- "점점 할 게 많아져서 무서워졌다."

이런 **심리적 피로**는
실패보다 더 강한 **중단 요인**이다.
그리고 그 원인은 하나다:
'**다음 단계를 미리 설계하지 않았기 때문**'이다.

디지털 프로젝트가 무너지는 3단계

기획 → 실행 → 유실

가. 기획만 거창하다
처음엔 다들 크고 멋진 아이디어를 갖고 시작한다.

"이건 누구도 안 해 봤을 거야."
"이거면 수익화 확실하지."
"이 정도 기획이면 브랜드 한방에 간다."

그래서 많은 걸 동시에 기획한다:

- 콘텐츠 10개 시리즈로 묶기
- 블로그 + 인스타 + 유튜브 다 같이 시작
- 자동화 + 디자인 + 챗봇 전부 세팅

결과: 시작조차 못 하거나, 시작해도 **계속 고치느라 지침.**

나. 실행은 빠른데, 루틴이 없다

간신히 첫발을 떼면 실행 속도는 빠르다.
GPT를 활용해 콘텐츠도 만들고,
툴도 연결하고, 결과물도 나온다.
하지만 문제는 **지속 루틴이 없다는 것.**

- 다음엔 뭘 해야 할지 헷갈린다
- 어제 했던 걸 다시 하려니 기억이 안 난다
- 도구 연결 구조가 복잡해서 건드리기 무섭다
- 실험 결과가 저장되지 않아 개선이 어렵다

결과: 속도는 있지만, **지속은 불가능한 구조**가 된다.

다. 유실, 기록되지 않고 쌓이지 않는다

결국 프로젝트는 '기록되지 않은 실행'의 무덤에 빠진다.

- 템플릿은 날아가고
- 사용된 GPT 프롬프트는 사라지고
- 어떤 구조로 만들었는지 문서가 없다
- 실행한 자료가 어디에 있는지도 모르겠다

이렇게 되면 그 프로젝트는

다시 할 수 없는, 단발성 실험으로 사라진다.

그리고 그다음엔

"아, 그건 옛날에 한번 해 봤는데…"

라는 말만 남는다.

기록되지 않은 실행은

경험도 아니고, 자산도 아니다.

실행이 쌓이는 사람들의 공통점: '시스템'이 있다

끝까지 해내는 사람들은 절대 **의지력**으로 버티지 않는다.
그들도 피곤하고, 귀찮고, 가끔은 포기하고 싶어진다.
그런데도 **계속 해낸다.**

왜?

그들은 **자신만의 실행 시스템**을 갖고 있기 때문이다.

시스템이란 '내가 빠져도 굴러가는 구조'를 말한다.

이건 거창한 기술이 아니다.

이런 식의 흐름이 있다면, 이미 시스템이다:

- 매주 월요일 오전에 콘텐츠 아이디어 정리
- 화요일엔 GPT로 글 초안 생성
- 수요일에 Canva로 시각화
- 목요일엔 Buffer로 예약 발행
- 금요일은 반응 분석과 피드백 정리

이건 '감각'이 아니라

반복 가능한 '실행 루틴'이다.

이 구조만 있으면

아프든, 기분이 안 좋든, 일이 생기든

다시 돌아올 수 있다.

시스템은 실패를 줄여 주진 않지만, 회복을 가능하게 한다.

누구나 실패한다.

자동화가 꼬일 수도 있고,

콘텐츠 반응이 안 좋을 수도 있고,

툴이 멈출 수도 있다.

그런데 **시스템이 있으면 다시 복구가 된다.**

- "어디서 멈췄는지 확인 가능"
- "이전 데이터나 프롬프트 다시 불러오기 가능"
- "작업 루틴을 그대로 재가동 가능"

실패가 '종료'가 아닌 '일시정지'가 되는 것.

이게 시스템의 진짜 역할이다.

끝까지 가는 구조를 만드는 첫걸음 - 바이브코딩의 역할

앞에서 봤듯이, 대부분의 디지털 프로젝트는
'도구 부족'이나 '의지 부족' 때문이 아니라
'흐름이 없는 실행' 때문에 무너진다.

그럼 해결책은 뭘까?

단단한 실행 시스템, 그리고 그것을 설계할 수 있는 감각이다.

이게 바로 바이브코딩이 하는 일이다.

바이브코딩은 '기술 도구'가 아니라 '디지털 실행 설계법'이다.

바이브코딩은 단순히 툴을 잘 쓰는 방법을 가르치지 않는다.
그보다 더 중요한 건 **실행 가능한 흐름을 만드는 구조화된 사고**다.
예를 들어…

- 전자책을 자동화하려면 어떤 순서로 콘텐츠를 제작해야 하는가?
- 반복 작업을 줄이려면 어떤 부분부터 GPT를 적용해야 하는가?
- 어떤 도구를 연결해서 '일주일에 한 번 콘텐츠 발행'을 시스템화할 수 있는가?

이걸 **직관이 아니라 '설계력'으로 판단할 수 있는 힘.**
이게 바이브코딩의 핵심이다.

결국, 버티는 게 아니라 굴리는 것이다.
혼자서 프로젝트를 오래 끌고 가는 사람은
'열정'으로 버티는 게 아니다.
구조를 만들어서, 자신을 그 구조에 태운다.
바이브코딩은 그런 구조를 만드는 기술이고,
그 안에 창업자 본인의 아이디어, 창의성, 감정, 시간을
지속 가능한 방식으로 번역하는 방법론이다.

5
AI 바이브코딩의 등장

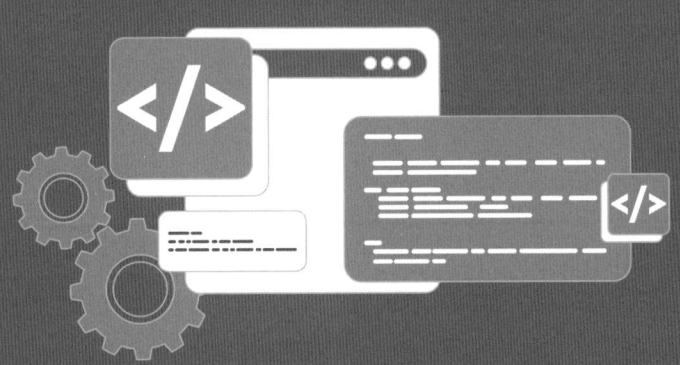

1) AI가 바꾸는 코딩의 패러다임

'코딩'이라는 개념 자체가 바뀌고 있다

한때 코딩은 전문가의 영역이었다.
오랜 시간 학습해야만 했고, 특정 문법을 외워야 했으며,
무언가를 만들기 위해선 반드시 직접 **코드를 써야** 했다.
하지만 이제는 시대가 달라졌다.
AI, 특히 자연어 기반의 생성형 모델들이 등장하면서
코드를 직접 쓰지 않아도 기능을 구현할 수 있는 시대가 도래했다.
예전에는 이렇게 했다:

```javascript
복사편집
function sayHello(name) {
  console.log("Hello, " + name + "!");
}
```

이제는 이렇게 말한다:

"사용자 이름을 입력받아 'Hello, 사용자이름!'을 출력해 줘"

이것이 **코딩의 패러다임 변화**다.

더 이상 코딩은 코드 작성의 영역이 아니라

문제를 자연어로 설명하고 해결안을 얻는 대화의 과정이 되었다.

'개발자'는 줄어드는데, '기능 제작자'는 늘어나고 있다

기존에는 '기능을 구현할 수 있는 사람' = '개발자'였다.

하지만 지금은 개발자가 아니어도, 기능을 만들 수 있는 사람이 늘고 있다.

- GPT에 프롬프트만 넣어도 웹사이트 코드가 생성되고
- Replit, Cursor, Vercel 같은 AI 빌더가 실시간 코드를 제안하고
- 코드 리뷰부터 버그 수정까지 AI가 대신한다

비개발자도 코딩을 통해 기능을 만드는 시대가 온 것이다.

이제는 기술력보다

문제를 정의하는 힘,

원하는 기능을 명확히 설명하는 언어 능력,

AI와 협업하는 감각이 훨씬 중요해졌다.

AI가 만든 코드를 다시 사람이 다듬는 구조

물론 AI가 만든 코드가 항상 완벽하진 않다.

하지만 이제 중요한 건 처음부터 100% 정확하게 쓰는 게 아니라

70%를 자동으로 만든 후, 나머지를 다듬는 프로세스다.

즉, 코딩의 순서 자체가 바뀌었다:

가. 문제를 정의하고 GPT에게 설명

나. 1차 코드 결과물을 받아 빠르게 테스트

다. 실행 후 오류나 버그는 GPT나 Copilot으로 수정

라. 나머지 UI/UX 세부 설정은 Low-code 빌더에서 마무리

이런 식의 **'AI가 먼저, 사람이 후처리'** 하는 패턴은

생산성과 학습 속도 모두를 끌어올린다.

코딩은 더 이상 개발자의 독점물이 아니다

AI는 '전문성의 장벽'을 무너뜨리고 있다.

예전엔 코딩을 배우기 위해 몇 년을 투자해야 했지만

지금은 **몇 시간 안에 서비스의 MVP를 만드는 게 가능**하다.

이 말은 곧,

모든 1인 창업가, 크리에이터, 지식 사업자들이 코딩이라는 무기를 가질 수 있게 됐다는 뜻이다.

- 전자책을 자동 배포하는 시스템
- 강의 수강 신청 폼 + 챗봇 연결
- 유료 콘텐츠 웹사이트 + 결제 기능 연동
- AI 챗봇 고객 응대 시스템

이 모든 것이 **AI를 활용하면 실제 구현이 가능**하다.
과거엔 개발자 월 500만 원을 써야 했던 작업이,
이제는 **시간과 아이디어만으로 시작할 수 있다.**

요약 - AI 코딩의 본질은 '사고 구조의 변화'

AI 코딩은 단지 도구의 발전이 아니라
사고방식의 전환이다.

- 문제를 분석하고
- 언어로 설명하고
- 결과를 테스트하며
- 다시 수정하는 과정

즉, **기획 → 대화 → 결과 생성 → 실험 → 반복**이라는 순환구조.
이제 코딩은 단순한 기술이 아니라
창의력과 실행력을 연결해 주는 언어이자 프로세스가 되었다.

2) 생각하는 대로 만들어지는 디지털 세상

- 실행력이 아니라 사고력의 시대

"이걸 만들 수 있을까?"에서 "이걸 어떻게 만들지?"로

과거에는 아이디어가 떠올라도 망설였다.

"이걸 만들려면 개발자가 필요하겠지…"

"나 혼자선 불가능하겠지…"

이런 말은 너무나 당연했다.

그런데 지금은 아니다.

GPT, 빌더AI, 챗봇 생성기, 로우코드 플랫폼, 자동화 도구 덕분에

이제 **"이걸 만들 수 있을까?"라는 질문 자체가 필요 없어졌다.**

이제는 질문이 바뀐다:

"어떤 도구로 연결하면 가장 빠를까?"

"이 기능을 텍스트로 설명하면 되나, 아니면 캡처로 보여줘야 하나?"

"코드가 필요하다면, GPT에 뭐라고 말해야 하나?"

즉, 기술적 불가능이 거의 사라졌고, 실행력의 진입장벽이 무너졌다.

생각을 구체화하는 순간, 실행은 AI가 대신한다

지금의 디지털 시대는

'뭘 할지 모르는 사람'만 뒤처진다.

'할 게 너무 많아서 못 하는 사람'은 이제 핑계가 되지 않는다.

- 일단 GPT에 설명을 넣어 보면 뼈대가 나오는 시대
- UI 디자인도 그림 대신 텍스트로 표현하면 자동 구현
- API 연결도 몇 번 클릭만으로 가능
- 고객 대응용 챗봇도 프롬프트 몇 개로 설정 가능

생각만 할 줄 알면 된다.

아이디어만 있으면 된다.

AI가 나머지를 **대행**해 주기 때문이다.

디지털 세계의 주도권은 '구현력'보다 '사고력'에 있다

어느 순간부터 '실행하는 능력'보다 '생각을 설계하는 능력'이 더 중요해졌다.

이유는 간단하다.

실행은 이제 사람이 하는 일이 아니기 때문이다.

구현을 사람 대신 AI가 한다면,

사람은 무엇을 해야 하는가?

바로 '무엇을 만들 것인가'를 결정하는 **디지털 사고 설계자**가 되어야 한다.

- 문제를 발견하고
- 해결 방안을 구조화하고
- 그 흐름을 AI에게 전달할 수 있어야
- 시대의 흐름을 따라가는 것이 아니라 주도할 수 있게 된다

누구든 자기만의 시스템을 갖출 수 있는 시대

과거에는 IT팀, CTO, 외주업체 없이는
웹사이트 하나도 만들기 어려웠다.
하지만 지금은…

- '나만의 블로그 자동화 툴'
- 'AI 뉴스레터 작성 시스템'
- 'PDF 전자책 자동 생성기'
- '챗봇+결제 연동 강의 수강 플랫폼'

모두 **1인 개발 없는 1인 운영이 가능**한 세상이 되었다.
이제 **실행력보다 구조 설계력,**
전문성보다 응용력,
경력보다 실행 루틴이 힘을 갖는다.

요약 – '생각만 있으면 실현 가능한 시대'

AI가 만들어낸 디지털 세상은
더 이상 개발자 전유물이 아니다.

- 창의적인 아이디어만 있으면 된다
- GPT에게 설명할 수 있는 언어 능력이 있으면 된다
- 툴들을 묶어낼 수 있는 흐름 설계력이 있으면 된다

바이브코딩은 이 흐름을 **누구나 따라할 수 있는 방식**으로 바꾼다.
이제 당신은 **실행자**가 아니라 **설계자**가 되어야 한다.

3) AI 도구의 종류와 선택 방법

- 무기는 많지만, 문제에 맞는 칼을 들어야 한다

> "도구를 몰라서 못 하는 시대는 끝났다"

지금은 도구가 부족한 시대가 아니다.

오히려 **너무 많아서 선택이 어려운 시대**다.

- 웹사이트 만들기 → 10개 이상 노코드 툴
- 챗봇 만들기 → GPT 기반 빌더 수십 개
- 자동화 설정 → Zapier, Make, n8n, 그리고 수많은 AI 플러그인
- 디자인 도우미 → Canva, Kittl, Uizard, Gamma, Cursor, Kive 등
- 프로토타이핑/개발 자동화 → Replit, Builder.ai, Windsurfer, V0 등

그렇기 때문에 '모든 걸 다 아는 사람'보다

자신에게 맞는 도구를 고를 줄 아는 사람이 빠르게 간다.

핵심 기준은 "문제 중심 도구 선택"

바이브코딩은 도구를 이렇게 분류한다:

카테고리	대표 도구	주요 기능	초보자 적합도
콘텐츠 제작	ChatGPT, Notion AI, Copy.ai	블로그, 전자책, 스크립트 작성	매우 높음
웹사이트 제작	Wordpress, Imweb Webflow, Dorik, Wix	랜딩 페이지, 제품 사이트	높음
자동화	Zapier, Make, n8n	앱 간 연결, 자동화 플로우	중간
디자인	Canva, Gamma, Kittl	카드뉴스, 인스타 콘텐츠	매우 높음
챗봇 구축	GPTs, Flowise, Landbot	상담/수강/예약 챗봇	중간~높음
데이터 분석	GPT+Sheet, Rows AI	데이터 자동 정리/분석	중간
코딩 보조	Cursor, Replit, Vercel AI	코드 자동 생성, 테스트	낮음~중간

선택의 핵심은 이것이다:

"내가 만들려는 결과물을 가장 빨리 구현할 수 있는 조합은 무엇인가?"

예시 1: '1인 강사'의 자동화 흐름

목표:

강의 콘텐츠 자동화 + 수강생 대응 시스템

도구 조합:

- Notion AI: 강의 주제 정리 및 스크립트 작성
- Typedream: 강의 소개 랜딩페이지 제작
- Make: 수강신청 후 이메일 자동 발송
- GPT + GPTs: 상담 챗봇 구축
- Canva: 카드뉴스 및 홍보 콘텐츠 디자인

이런 조합으로 **하루 만에 운영 가능한 온라인 강의 플랫폼 구축 가능**.

예시 2: '전자책 판매자'의 자동 출판 시스템

목표:

아이디어 → 전자책 → 결제 → 전달 자동화

도구 조합:

- ChatGPT + UpNote: 전자책 초안 작성
- Canva: 표지 및 목차 디자인
- Gumroad 또는 Tally + Stripe: 결제 및 다운로드 시스템
- Zapier: 결제 완료 시 이메일 자동 전송
- Notion 또는 Typedream: 소개 페이지 호스팅

콘텐츠 → 디자인 → 판매 → 자동 전달
이 모든 게 개발자 없이 실행 가능.

요약: 도구 선택의 3단계

1. **결과부터 정하라** - "내가 만들고 싶은 게 뭔가?"
2. **단계별로 나눠라** - 콘텐츠 생성, 디자인, 배포, 판매 등
3. **가장 쉬운 도구로 시작하라** - 몰라도 되는 건 모른 채로 간다

결국 중요한 건 '모든 도구를 아는 것'이 아니라
당장 내가 움직이기 위해 필요한 도구를 고르는 능력이다.

4) 바이브코딩의 기본 원리

- 아이디어를 자동화 가능한 구조로 바꾸는 5가지 사고방식

시작은 '도구'가 아니라 '흐름'이다

많은 초보자들이 바이브코딩을 'GPT 잘 쓰는 법'이나
'노코드 툴을 조합하는 요령'으로 오해한다.
하지만 그건 겉모습일 뿐이다.
바이브코딩의 진짜 본질은 '흐름 설계'다.

- "어떤 문제를 해결하려고 하는가?"
- "그 문제를 해결하는 데 필요한 흐름은 어떤 순서인가?"
- "각 단계는 어떻게 자동화할 수 있는가?"
- "결과는 누구에게 어떤 방식으로 도달해야 하는가?"

이걸 구조화하는 것이 바이브코딩이다.
툴은 나중이다. 먼저는 흐름이다.

핵심 원리 ①: 반복을 감지하라

바이브코딩은 **'반복되는 행동'을 발견하는 것**에서 시작된다.
예를 들어:

- 매주 똑같은 포맷의 뉴스레터 작성
- 블로그에 같은 구조로 글 게시
- 상담 문의 이메일에 비슷한 답변 반복
- 강의 신청 프로세스가 늘 동일함

이런 반복이 있다면, 이미 자동화 가능하다는 뜻이다.
즉, '기계에게 넘길 수 있는 일'의 후보가 잡힌 것이다.

핵심 원리 ②: 생각을 글로 번역하라

AI는 말을 잘 못 알아듣는다. 하지만 **'글'에는 반응한다.**
내가 머릿속으로 그리는 흐름을
텍스트로 설명하면,
GPT는 그것을 이해하고 실행한다.

"이런 상황에서 이런 문장을 생성해 줘."
"이 텍스트를 블로그 스타일로 바꿔 줘."
"이 사용자의 질문을 분류해서 태그를 붙여 줘."

바이브코딩은 **머릿속 흐름을 설명하는 기술**이다.

이걸 익히면, 더 이상 AI를 '실험'하지 않고 **명령**하게 된다.

핵심 원리 ③: 최소한의 구조로 실행하라

많은 사람들은 너무 큰 걸 만들려고 한다.

하지만 바이브코딩은 항상 이렇게 묻는다:

"지금 당장, 이 흐름을 가장 작게 실현하려면?"

"사람 손을 안 쓰고 1회차라도 돌아가게 하려면?"

예를 들어, 강의 판매 시스템을 만들 때도

웹사이트 없이 Google Form과 GPT 챗봇만으로도 시작할 수 있다.

바이브코딩은 **'완벽'보다 '가능한 최소 구조'를 우선**한다.

그래야 흐름이 멈추지 않는다.

핵심 원리 ④: 실험 후 개선한다

흐름을 만들고 나면 끝이 아니다.

바이브코딩은 **실행 → 피드백 → 조정**이라는

'루프 기반 사고'를 기본으로 한다.

- 첫 주차 실행

- 사용자 반응 체크
- 자동화 오류 확인
- 프롬프트 수정
- 흐름 재배열

이 루프를 빠르게 돌리는 것이 핵심이다.
중요한 건 '정확성'이 아니라 '반복 개선성'이다.

핵심 원리 ⑤: 당신을 시스템에 태워라

가장 중요한 건 이것이다.
"일을 내가 하는 게 아니라, 내가 시스템을 타게 만든다."
바이브코딩은 단순한 자동화가 아니라
'나 자신을 구조에 얹는 설계'다.

- 매주 뉴스레터 쓰는 일
- 매일 콘텐츠 발행
- 매월 전자책 판매 자동화
- 강의 접수 → 안내 → 응대 흐름

이걸 모두 **'생각하지 않아도 돌아가는 구조'로 만들 수 있다면**,
그게 바이브코딩이 성공한 상태다.

요약:

- 바이브코딩은 도구의 사용법이 아니라 생각을 흐름으로 바꾸는 기술이다
- 반복 → 글로 설명 → 최소 구조 → 실험 → 구조에 탑승
- 이것이 AI와 협업하는 가장 현실적인 방식이다

5) 첫 번째 AI 프로젝트 시작하기

- 고민은 잠시, 실행은 오늘

> 완벽한 계획보다, 오늘 한 줄의 실행

바이브코딩에서 가장 먼저 깨야 할 습관은
"계획을 잘 세워야 한다"는 강박이다.
많은 사람들이 노션을 열고, 포스트잇을 붙이고, 시장조사를 하다가 3일 후에 흥미를 잃고 접는다.
그 이유는 단순하다.
실행이 없으면 에너지는 고갈된다.
첫 AI 프로젝트는 이렇게 시작하라:

- 내가 평소에 반복하는 일 하나만 정한다.
- 그걸 GPT나 도구로 '흉내' 내보게 한다.
- 딱 10분 안에 돌아가기만 하면 성공이다.

완성도를 따지지 마라. 중요한 건 **돌아가는 경험**이다.

예시: 강사, 작가, 상담가, 마케터의 첫 AI 프로젝트

예시 ①: 온라인 강사 - 수강안내 챗봇 만들기
- 목적: 자주 묻는 질문 자동 대응
- 도구: GPTs 또는 Flowise
- 흐름: 구글폼 접수 → 챗봇 응대 → 수강안내 이메일 자동 발송
- 결과: 하루 2시간 절약

예시 ②: 1인 마케터 - 콘텐츠 자동화
- 목적: 카드뉴스 제작 자동화
- 도구: Canva + GP
- 흐름: 매주 블로그 글 → 카드뉴스 3장 자동 생성
- 결과: 콘텐츠 제작 시간 70% 단축

예시 ③: 작가 - 전자책 자동 초안
- 목적: 아이디어 → 목차 → 챕터 초안 자동 생성
- 도구: ChatGPT, UpNote, Canva
- 결과: 3일 안에 전자책 원고 초안 완성

예시 ④: 상담가 - 챗봇 예약 시스템
- 목적: 상담 신청 → 날짜 확인 → 자동 메일 발송
- 도구: Tally + Zapier + GPTs
- 결과: 100% 자동화된 예약 시스템 완성

실패 없는 첫 프로젝트 3원칙

1. 단 하나의 반복작업만 자동화하라
→ 여러 개 동시에 하지 마라. 하나만 끝까지.

2. 사람 없이도 1회차 돌아가는 걸 목표로 하라
→ 완벽한 디자인보다 기능 우선.

3. '나중에 고쳐도 된다'는 마인드로 임하라
→ 초안으로 시작하고 피드백 기반 개선.

첫 성공의 경험이 시스템 사고를 만든다

처음에 작은 자동화 하나만 성공해도
그 사람은 사고가 달라진다.

"이것도 자동화할 수 있을까?"
"이건 어떻게 연결하지?"
"이 흐름을 다른 제품에도 적용할 수 있을까?"

이 질문이 생기는 순간,
당신은 단순한 사용자에서
디지털 시스템 설계자로 바뀐다.

요약:
- 첫 프로젝트는 '완성'보다 '작동'을 목표로
- 반복되는 일 하나만 자동화하라
- 실행을 경험해야
- 사고가 전환된다

6

왜 바이브코딩인가?

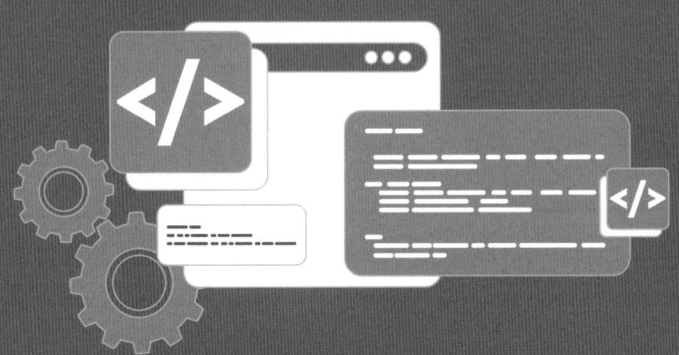

1) 기존 노코드/로우코드 도구와의 차이점

- 도구가 아니라 사고방식의 전환

노코드/로우코드는 '도구 중심', 바이브코딩은 '흐름 중심'

노코드(코딩 없이)나 로우코드(코딩 최소화)는
분명 1인 창업 시대에 큰 혁신을 가져온 방식이다.

- Wix, Webflow, Carrd → 웹사이트
- Glide, Softr, Bubble → 앱
- Airtable, Notion → 데이터 관리
- Zapier, Make → 자동화

이 툴들은 **'만드는 과정'**을 쉽게 만들어줬다.
하지만 단점도 명확하다.
도구 중심으로 접근하면, 도구 바뀔 때마다 전체 구조가 흔들린다.
게다가 하나의 툴에 종속되면
그 툴이 안 되는 기능은 **아예 못 쓰게 되는 경우도 많다.**
바이브코딩은 여기에 대응하는 방식이다.

툴 중심이 아니라 흐름 중심, 설계 중심의 접근.

노코드는 기능 제한이 있고, 바이브코딩은 조합을 유도한다

예를 들어, 노코드 툴로 챗봇을 만들려고 하면 이렇다:

- Landbot: 대화 흐름은 쉬우나, 외부 API 연동이 복잡
- Tidio: UI는 뛰어나지만 로직 제어에 한계
- Glide: 앱은 되지만 자동화 한계 있음

결국 복잡한 로직, 고급 자동화, 창의적인 흐름 구현에는
'툴 하나'로는 절대 부족하다.

바이브코딩은
"툴 하나로 다 하려 하지 마라. 필요한 것만 쓰고, 나머지는 조합해라."
는 철학을 갖는다.

즉, **툴은 수단이지 목적이 아니다.**

바이브코딩은 AI와의 협업을 전제로 한다

노코드는 사람이 직접 드래그하거나 설정해야 한다.
즉, 여전히 **'사용자가 직접 다 조작해야 한다.'**
하지만 바이브코딩은 처음부터
AI와 함께 설계하는 협업 시스템을 전제로 한다.

예:

- GPT에게 기능 설명을 입력 → 코드 or UI 자동 생성
- Midjourney나 DALL·E로 시각적 소재 제작
- Zapier 흐름 작성 시 GPT에게 트리거 조건 먼저 묻기
- V0나 Replit로 직접 UI 구성 생성
- Cursor로 코드 보완 및 에러 디버깅까지 GPT가 지원

즉, **바이브코딩은 사람의 창의 + AI의 속도를 동시에 끌어낸다.**

바이브코딩은 '지속 가능한 구조'에 초점을 맞춘다

노코드는 '지금 당장 기능을 만드는 데 집중'하지만
바이브코딩은 '6개월 후에도 운영 가능한 구조'를 중요하게 여긴다.

- 흐름 문서화
- 반복작업 자동화
- 개선 루프 설계
- 프롬프트 재활용 가능하게 저장
- 유사 프로젝트에 복제 가능하게 설계

즉, 바이브코딩은 **1회용 작업이 아니라 시스템 설계를 추구한다.**
'나를 덜 참여시켜도 돌아가는 구조'를 만드는 데 초점이 있다.

요약: 노코드는 '도구', 바이브코딩은 '프레임'

항목	노코드/로우코드	바이브코딩
접근 방식	도구 중심	흐름 설계 중심
실행 주체	사용자가 직접	AI와 협업
구조 유지성	기능 단위	시스템 단위
문제 해결	도구의 기능 범위 안에서	AI + 도구 조합으로 창의적 해결
결과물	웹사이트, 앱, 자동화 기능	자동화된 비즈니스 흐름 전체

◉ 이 챕터의 핵심 메시지:

바이브코딩은 '툴 잘 다루는 사람'이 아니라

'생각을 구조화하고 실행까지 연결하는 설계자'를 만든다.

2) AI의 창의적 협업 능력

- 창의성이 드디어 자동화될 수 있게 된 시대

AI는 이제 '도우미'가 아니라 '동료'다

기존의 자동화는 단순 반복을 줄이는 수준이었다.
하지만 생성형 AI의 등장은
'창의적인 영역까지 협업이 가능해졌다는 점에서 혁명적이다.
예를 들어…

- 글쓰기: GPT는 단순 복사가 아닌 **톤, 스타일, 독자 감성**까지 이해해 문장을 만든다
- 디자인: Midjourney, DALL·E는 명확한 디렉션 없이도 독창적 이미지를 제안한다
- 기획: Notion AI나 Gamma는 **논리 구조화**까지 제안하고 정리한다
- 코드: GPT, Cursor는 문제를 설명하면 **스스로 로직을 구성**하고 코드 조각을 제공한다

이건 단순한 보조 기능이 아니다.

기획 단계에서부터 AI가 '같이 생각하고 만드는 시대'가 된 것이다.

'창의'는 이제 팀워크다

예전에는 이런 말이 많았다:

"아이디어는 많은데… 뭘 어떻게 해야 할지 모르겠어."
"디자인 감각이 없어서 비주얼 만들기가 너무 어려워요."
"이걸 콘텐츠로 풀 수 있을까요?"

이런 한계를 넘기 위해선 팀이 필요했지만,
이제는 **AI가 그 역할을 분담**한다.

- 아이디어를 GPT에 서술하면 → 콘텐츠 구성안이 나온다
- '따뜻한 느낌의 북유럽풍 인테리어 이미지' → Midjourney가 만든다
- '이 메시지에 어울리는 카드뉴스 구성' → Canva + GPT 조합으로 해결된다
- '나의 강의를 설명할 수 있는 카피 문장' → GPT가 수십 개 제시한다

이제 창의력은 개인의 감각이 아니라
AI와의 인터랙션을 통해 확장할 수 있는 능력이다.

AI는 '의도'를 해석하고 '형태'로 바꿔 준다

바이브코딩에서 가장 중요한 창의적 협업의 본질은 이것이다:
AI는 당신의 '의도'를 이해하고, 그것을 실행 가능한 형태로 바꾼다.

예시:
- "독자에게 신뢰를 줄 수 있는 문장 톤으로 바꿔 줘" → GPT가 문체 수정
- "이 흐름을 사용자 친화적으로 정리해 줘" → Notion AI가 카드형 정리
- "이 코드, 사용자가 입력값 틀리면 오류 메시지 뜨게 해 줘" → Cursor가 조건 추가
- "이 제품 소개에 맞는 인스타 피드 콘텐츠로 구성해 줘" → Kittl + GPT가 자동 디자인

즉, 더 이상
"내가 뭘 만들 줄 아느냐"가 아니라
"AI에게 어떻게 말하느냐"가 중요해진 시대다.

반복 가능한 창의성 = 자동화 가능한 브랜딩

바이브코딩은 창의성을 단발성 아이디어가 아닌
반복 가능한 구조로 바꾸는 데 강하다.

예:

- 나만의 블로그 포맷
- 카드뉴스 콘텐츠 유형
- 유튜브 쇼츠 영상 흐름
- 수강 이메일 구성 문장
- 고객응대 메시지 시나리오

이걸 GPT나 템플릿, 프롬프트로 정형화해두면
창의성도 시스템처럼 복제, 자동화, 확장이 가능해진다.
이게 바로 바이브코딩의 핵심 전략 중 하나다.
"**창의성을 구조로 만든다.**"

요약 - AI는 이제 생각하는 파트너다

구분	과거의 자동화	바이브코딩 x AI
역할	반복업무 대체	창의적 사고 보조
대상	데이터 중심	아이디어 중심
결과	일감 줄이기	실행 흐름 설계
대화 방식	명령형	협의형 (의도 중심)
사용자 역할	관리자	설계자 + 감독자

◉ 핵심 메시지:

AI는 이제 당신의 감각을 대신하는 도구가 아니다.

당신과 함께 **생각하고 설계하는 파트너다.**

3) 맞춤형 솔루션의 가능성

- '나에게 딱 맞는' 시스템을 스스로 설계할 수 있는 시대

> 누군가 만든 틀에 나를 맞추는 시대는 끝났다

과거의 자동화 서비스나 플랫폼은 항상 이랬다:

- 정해진 기능 안에서만 움직여야 했다
- 내 요구에 맞추기 위해선 커스터마이징 비용이 들었다
- 뭔가 바꾸려면 외주를 줘야 했다

결국, **내 비즈니스에 시스템을 맞춘 게 아니라 시스템에 비즈니스를 끼워 넣는 식이었다.**

하지만 바이브코딩은 정반대다.

당신의 상황, 방식, 말투, 루틴에 맞춰 시스템이 설계된다.

AI 덕분에 모든 솔루션은 '나만의 것'이 된다

바이브코딩은 이런 방식으로 접근한다:

- "이 메일 응답을 우리 브랜드 말투로 써줘."
- "이 고객 문의는 감정적인 대응 말고, 논리적으로 정리해 줘."
- "내 블로그 문체는 유쾌하지만 지적인 느낌이야. 맞춰줘."
- "이 앱 기능은 사용자가 스마트폰 초보여도 쉽게 쓰게 하고 싶어."

GPT는 당신이 설명만 잘하면
당신만의 브랜드, 톤, 일 처리 방식, 습관에 따라
결과물을 만들어낸다.
즉, **모두가 똑같은 AI를 써도**
결과는 전혀 다르게 나온다.

맞춤형 시스템 = 무조건 오래간다

시스템이 오래 가려면 두 가지가 필요하다:

1. **불편하지 않아야 한다** - 내가 쓰기 편해야 유지된다
2. **계속 바꿀 수 있어야 한다** - 상황 변화에 따라 조정 가능해야 한다

바이브코딩은 **이 두 가지 조건을 모두 충족**한다.

예:

- 고객에게 보내는 자동 응답 메시지 → 내 브랜드 언어로 커스터마이징
- 블로그 템플릿 → 내 콘텐츠 스타일에 맞춰 구조 변경
- 마케팅 자동화 루틴 → 캠페인에 따라 가볍게 수정 가능

맞춤화가 가능하면 피로가 줄고,
피로가 줄면 시스템은 오래 돌아간다.

프리셋이 아니라 '프롬프트'로 설계하는 유연성

기존 솔루션은 "이런 걸 하고 싶다"면
플러그인을 설치하거나 외주 개발을 의뢰해야 했다.
하지만 바이브코딩은 다르다.

예:

- "이 워크북을 영상 강의로 바꾸고 싶은데…" → GPT에 요청
- "이 프레젠테이션을 블로그 콘텐츠로 재가공해 줘."
- "내가 올린 카드뉴스 5개를 묶어서 전자책 구조로 바꿔 줘."

이 모든 게 **프롬프트 한 줄이면 작동**한다.
이게 바로 구조화된 자유, 바이브코딩의 핵심 강점이다.

요약 - '너에게 최적화된' 자동화 시스템을 만드는 시대

기존 시스템	바이브코딩 시스템
제공된 기능만 사용	원하는 흐름을 직접 설계
전문가 도움 필요	사용자가 직접 구성
템플릿 중심	프롬프트 중심
기능은 좋지만 불편함	내 방식 그대로 반영
정형화된 결과	유연하고 개인화된 결과

⊙ 핵심 메시지:

바이브코딩은 당신의 말투, 루틴, 감정선, 브랜드 철학까지 반영해 세상에 하나뿐인 **'나만의 실행 시스템'**을 만들 수 있게 해 준다.

4) 확장성과 유연성의 균형

- 지금도 가능하고, 내일도 유연한 구조

> 대부분의 자동화는 두 가지 중 하나를 잃는다

자동화 시스템을 설계할 때 보통 이런 딜레마가 있다:

- **유연하게 바꾸기 쉬운 구조는 확장에 약하다**
- **확장을 고려한 구조는 유연성이 떨어지고 유지가 어렵다**

예를 들어:
- 간단한 노코드 툴로 만든 콘텐츠 배포 시스템은
- 조금만 기능이 늘어나도 복잡해지고 고장 난다.
- 반대로, 개발자에게 맡긴 고정된 시스템은
- 방향을 바꾸거나 조건을 바꿀 때 시간이 오래 걸리고 비용이 든다.

이 둘을 동시에 잡는 게 **바이브코딩의 설계 철학**이다.

바이브코딩은 '일단 시작 가능한 최소 구조'를 먼저 만든다

확장은 처음부터 설계하지 않는다.

오히려 **가장 작게, 가장 빠르게 돌아가는 흐름**부터 만든다.

- 블로그 콘텐츠 발행 시스템 → 먼저는 GPT + Notion
- 고객 응대 → GPT 챗봇 + 구글폼
- 전자책 제작 → ChatGPT + Canva 조합으로 프로토타입 생성

이렇게 작게 시작한 흐름은

불편을 느낄 때마다 한 단계씩 확장해 가는 방식이다.

즉, 처음부터 거창한 구조를 짜지 않아도

'**유연한 뼈대**'만 잡고 가볍게 시작한다.

확장이 필요할 때는 조합만 바꾸면 된다

바이브코딩의 핵심은

처음부터 **하나의 툴에 모든 걸 몰아넣지 않는 구조**를 만든다는 것이다.

예:

- 처음엔 Notion에 콘텐츠 저장 → 나중엔 Airtable로 전환
- 처음엔 GPT에게 직접 질문 → 나중엔 GPTs로 챗봇화
- 처음엔 Google Form → 이후엔 Tally + Zapier 연동

- 처음엔 Canva → 이후엔 V0나 Kittl로 디자인 자동화 고도화

이런 식으로 **각 모듈이 느슨하게 연결**되어 있기 때문에
확장이 필요할 때 전체를 뒤엎지 않아도 된다.

유연성은 '비상시 유지력'과 직결된다

혼자 일하는 사람에게 유연성은 곧 '생존력'이다.

- 갑자기 일이 몰렸을 때
- 프로젝트 방향이 바뀌었을
- 특정 툴이 유료 전환됐을 때
- 팀원이 바뀌었을 때

이때 구조가 딱딱하게 굳어 있으면
무너지거나, 고치느라 멈춘다.
하지만 바이브코딩은 구조 자체가 가볍고 열려 있어서
1~2줄 프롬프트만 수정하거나, 도구를 바꾸는 것만으로 흐름을 유지할 수 있다.

예시: 작은 흐름이 커지는 구조

[초기]

→ 매주 글쓰기: ChatGPT + UpNote

→ 표지 제작: Canva

→ PDF로 전자책 제작 → 이메일 수동 발송

[확장]

→ 블로그 자동 발행: Notion API + n8n

→ 표지 AI 자동 생성: Midjourney + Kittl

→ 전자책 자동화: GPT + PDFMonkey

→ 결제 및 다운로드 자동화: Gumroad + Zapier

이런 식으로, **처음 만든 흐름이 점점 자동화되고 확장되는 구조가** 바이브코딩에서는 당연한 시나리오다.

요약 - 빠르게 시작하고, 크게 확장하고, 언제든 수정 가능

기준	기존 구조	바이브코딩 구조
시작 속도	느림	빠름 (10분 내 프로토타입 가능)
확장 방식	기능 추가 시 구조 재설계	모듈 추가, 도구 교체로 유연 확장
유연성	낮음 (전문가 의존)	높음 (직접 수정 가능)
유지보수	어렵고 비용 큼	사용자 중심의 유지 가능 구조

⦿ 핵심 메시지:

바이브코딩은

"지금 시작 가능한 최소 구조"와

"나중에 확장 가능한 유연한 구조"

이 두 가지를 모두 설계할 수 있게 해 준다.

5) 지속가능한 디지털 비즈니스 구축

- 반짝하지 않고 오래가는 구조는 따로 있다

'반짝 성공'은 쉽다. 문제는 '계속 유지'다

요즘 AI 툴을 활용한 디지털 비즈니스는
누구든 쉽게 시작할 수 있다.
3일 안에 전자책 만들고,
1주일 안에 콘텐츠 판매 사이트 만들고,
한 달 안에 수익을 내는 것도 가능하다.
그런데 중요한 건
"3개월 뒤에도 그 시스템이 돌아가고 있느냐"는 것이다.
대부분의 1인 창업가가 겪는 문제는 이렇다:

- '시작은 했지만 너무 피곤해서 중단'
- '한두 번은 돌아갔지만, 관리가 안 되어 무너짐'
- '툴 바뀌거나 GPT 모델이 바뀌면서 구조가 무너짐'

즉, **진짜 과제는 유지다.**

지속 가능성 없이는 **성공이 아니라 실험**에 머무를 뿐이다.

바이브코딩은 '계속 굴러가는 흐름'을 설계한다

바이브코딩의 철학은 **단기 성과**보다 **장기 유지**다.
이를 위해 바이브코딩은 다음 4가지를 기본 구조에 포함한다:

가. 실행 루틴 자동화

- 블로그, 뉴스레터, 마케팅 콘텐츠
→ GPT 기반 생성 루틴 설계

나. 데이터 흐름 정리

- 사용자 정보, 설문 응답, 구매 기록
→ Notion / Airtable 등으로 시각화 + 자동 수집

다. 반복작업 최소화

- 응대 메시지, 콘텐츠 배포, 예약 프로세스
→ Zapier, n8n 등으로 연동 자동화

라. 변화에 대응 가능한 구조

- 툴이 바뀌거나 API가 변경되어도
→ 프롬프트/구조 중심 설계로 유지 가능

지속 가능성 = '무너지지 않는 설계 + 고칠 수 있는 구조'

성공하는 디지털 시스템은
'완벽하게 작동하는 것'보다
'망가져도 다시 고칠 수 있는 것'이 중요하다.
즉, 바이브코딩은 다음을 지향한다:

- ✕ 100% 완성 → ◉ 80% 작동 + 20% 유연성
- ✕ 외주 의존 → ◉ 내가 고칠 수 있는 구조
- ✕ 한 번 만들고 끝 → ◉ 주기적으로 개선 가능한 흐름

시스템은 완벽할 필요 없다.
내가 통제할 수 있는 수준이면 그게 지속 가능성이다.

바이브코딩은 '지속 가능한 반복'을 위해 이렇게 설계된다

지속 요소	설명	도구/기술 예시
콘텐츠 루틴	매주 콘텐츠 생성, 발행	GPT + Notion + Zapier
고객 흐름	문의 → 응대 → 안내 → 구매 → 피드백	GPT 챗봇 + 폼 + 이메일 연동
상품 구조	전자책 → 영상 강의 → 구독 서비스	PDF, Gumroad, Typedream
유지 보수	문제 발생 시 직접 수정 가능	Cursor, Replit, Airtable 기반 로직
개선 루프	사용자 피드백 반영 → 구조 수정	Tally → 자동 요약 → 워크플로우 조정

시스템을 유지하는 '습관'도 설계 대상이다

지속 가능한 비즈니스는 **기술**만으로 되는 게 아니다.
'나의 루틴'도 시스템에 포함되어야 한다.

- 매주 월요일 오전 10시 → GPT로 콘텐츠 생성
- 수요일 오전 → Canva 이미지 제작
- 목요일 오후 → Gumroad 배포 등록
- 금요일 오후 → 데이터 리뷰

이 루틴도 구조 안에 포함시키는 것이
바이브코딩의 **'살아 있는 시스템'설계 방식**이다.

요약 - 바이브코딩은 단기 속도가 아니라, 장기 지속을 설계한다

요소	일반 시스템	바이브코딩 시스템
목표	빠른 실행	반복 가능한 구조
유지	전문가 의존	사용자가 직접
변화 대응	재설계 필요	구조만 조정
실패 시	중단됨	복구됨
루틴화	수동	자동화 기반 루틴 설계

⦿ 핵심 메시지:

성공은 속도가 만든다.

하지만 **지속 가능성은 구조가 만든다.**

바이브코딩은 바로 그 구조를 만든다.

7

바이브코딩의 5가지 원칙

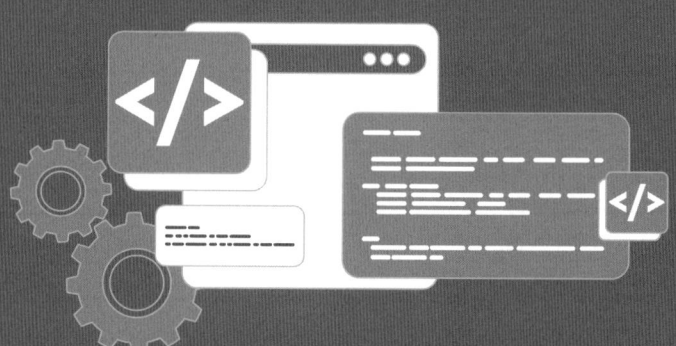

1) 빠른 서비스 런칭 MVP(Minimum Viable Product)

MVP란 무엇인가?

MVP(Minimum Viable Product)는
'최소 기능 제품'이라고 번역되지만,
바이브코딩에서의 MVP는 단순히 기능 축소 버전이 아니다.

"사용자의 반응을 가장 빠르게 얻기 위한
가장 작지만 돌아가는 구조를 뜻한다."

즉, 다음 3가지만 충족하면 MVP다:

가. 고객 또는 사용자에게 보여 줄 수 있고
나. 실제로 작동하며
다. 피드백을 받을 수 있는 형태

기능이 많아야 하는 것도, 디자인이 예뻐야 하는 것도 아니다.

"이걸 보고 사람들이 뭔가 반응하게 만드는 것"이 MVP의 핵심이다.

MVP는 완벽한 결과가 아닌, 빠른 검증이다

많은 창업가나 디지털 창작자들이 저지르는 실수는
"처음부터 완성도 높은 무언가를 만들려는 것"이다.

- 전자책은 목차 10개 완성해야 한다고 믿고,
- 서비스는 로고, 디자인, 가격표까지 다 갖춰야 한다고 생각하며,
- 웹사이트는 페이지 5개 이상 있어야 '제대로 된 서비스'라고 착각한다.

하지만 진짜 MVP는
"아이디어가 시장에 통하는지 빠르게 테스트할 수 있는 최소 단위"일 뿐이다.
 MVP의 목적은 '수익'이 아니라
'시장 반응 검증'과 '학습'이다.

바이브코딩의 MVP 공식: 1시간 내 MVP

바이브코딩의 강점은 이거다:

"MVP를 하루가 아니라 1시간 안에 만들 수 있다."

가. 예시 ① - 1인 강사

- 문제: 수강생 모집을 자동화하고 싶다
- MVP: GPT로 수업 소개문 작성 + Notion에 올림 + 구글폼 연결 → 신청 가능
- 소요시간: 40분
- 검증방법: 링크 전송 후 반응 확인

나. 예시 ② - 전자책 작가

- 문제: 콘텐츠 반응을 알고 싶다
- MVP: GPT로 목차 + 1챕터 생성 → UpNote 공유
- 소요시간: 1시간
- 검증방법: 댓글/설문을 통한 관심 확인

다. 예시 ③ - 마케터

- 문제: 광고 자동화 흐름 만들기
- MVP: Zapier로 폼 제출 → 이메일 자동 응답 구조 생성
- 소요시간: 50분
- 검증방법: 내부 테스트 + 첫 고객 반응 측정

포인트는 작게, 빠르게, 돌아가게.

MVP 이후에 할 일: 반응 → 피드백 → 확장

MVP가 성공했다면 그다음 단계는 간단하다:

- 사용자 피드백을 수집하고
- 문제점을 보완하며
- 자동화 흐름을 더한다

이걸 반복하면

작은 MVP → 강력한 제품으로 점진적으로 발전한다.

그리고 중요한 건,

이 전체 흐름을 '내가' 직접 설계할 수 있다는 것이다.

그게 바로 바이브코딩이 다른 자동화나 개발 방식과 구별되는 지점이다.

요약 - MVP는 실행을 가능하게 하는 최소의 도전

항목	일반 제품 개발	바이브코딩 방식 MVP
소요 시간	수주~수개월	30분~2시간
요구 조건	디자인, 기능 완비	작동만 하면 OK
피드백 시점	출시 후	MVP 제출 즉시
유지보수	외주나 개발자 필요	사용자 직접 조정 가능
목표	완성도	반응 및 학습

⊙ 핵심 메시지:

바이브코딩에서 MVP란

"지금 당장 돌아가는 구조로 시장에 묻는 질문"이다.

빠른 실행이 곧 빠른 피드백이고,

그게 곧 진짜 성장의 시작이다.

2) 반복적 개선(Iterative Enhancement)

- 계속 고쳐 쓸 수 있는 시스템이 진짜 시스템이다

완벽보다 더 중요한 건 '개선 가능한 구조'

많은 창업자들이 처음에 덫에 빠진다.
"처음부터 완벽하게 만들어야 한다."
"모든 걸 다 갖춘 후에 보여줘야 한다."
하지만 현실은 전혀 그렇지 않다.

- 처음 만든 서비스는 대부분 부족하다
- 사용자의 반응은 예상과 다르다
- 시장은 수시로 바뀐다
- 내가 쓰다 보면 나도 불편함을 느낀다

그래서 중요한 건
'처음부터 완벽하게'가 아니라 '계속 고쳐 쓸 수 있게' 만드는 것이다.
이게 바로 바이브코딩의 핵심 철학 중 하나다.

반복적 개선이 가능한 시스템이 가진 특징

바이브코딩은 다음 3가지 기준을 갖춘 시스템을 추구한다:

가. 수정이 빠르다
GPT나 로우코드 도구로 설계되었기 때문에
조금만 프롬프트나 흐름을 바꾸면 금방 바꿀 수 있다.

나. 고쳐도 전체를 갈아엎지 않는다
모듈 기반 설계 방식이기 때문에,
하나의 파트만 교체해도 전체 흐름은 유지된다.

다. 수정한 결과를 즉시 확인할 수 있다
AI 툴과 연결된 테스트 환경 덕분에
'수정 → 테스트 → 반영'의 주기가 짧다.
이건 '빠르게 실패하고 빠르게 개선하는 구조'와도 같다.
→ 성공 확률을 근본적으로 높이는 전략이다.

반복 개선의 실제 흐름: 5단계

바이브코딩에서 반복 개선은 다음과 같은 사이클로 작동한다:

1. **출시** → 최소 MVP를 공개한다

2. **관찰** → 사용자 반응, 피드백, 데이터 수집
3. **진단** → 어떤 부분이 불편하거나 비효율적인지 파악
4. **개선** → GPT 또는 도구 조정으로 구조 변경
5. **다시 적용** → 변경 사항 반영 후 재테스트

이걸 수주 단위가 아니라,
하루~이틀 단위로 반복하는 게 바이브코딩의 실전 방식이다.

사례: 반복 개선을 통해 성장한 1인 시스템

사례: 온라인 상담 예약 시스템

초기
→ 구글폼 + 수동 응답

문제
→ 응답 누락, 일정 중복 발생

개선
→ GPT 기반 자동 응답 + 캘린더 연동 (TidyCal)

추가 개선
→ 예약 후 설문 수집 + 피드백 분석 자동화

결과

→ 상담 예약율 2배 증가, 반복업무 80% 감소

중요한 건 이 변화가 '한 번에'가 아니라
작은 수정의 반복으로 가능했다는 점이다.

반복 개선이 주는 이점

개선 전	개선 후
아이디어만 많고 실행 없음	점진적으로 구조 완성
운영 피로 누적	개선 루틴으로 피로 감소
시장 변화에 취약	유연한 대응 가능
고정된 시스템	살아 있는 시스템

그리고 이 모든 과정을
개발자 없이 혼자 할 수 있다는 것이
바이브코딩의 가장 큰 무기다.

요약 - 반복 가능한 시스템이 곧 성장의 엔진이다

- 개선 가능한 구조를 가진 시스템만이 오래간다
- 실패해도 쉽게 수정할 수 있다면, 실패는 곧 학습이다
- 바이브코딩은 이 피드백 루프를 1인이 스스로 설계할 수 있게 해 준다

⊙ 핵심 메시지:

반복적 개선은 **하루만에 더 나은 버전을 만들 수 있게 하는 능력**이다. 바이브코딩은 당신에게 그 능력을 준다.

3) 사용자 중심 설계(User-Centered Design)

- 내가 쓰기 쉬운 것보다, 상대가 쓰기 쉬운 게 진짜 시스템이다

기술보다 중요한 건 '사용자 경험'

우리는 시스템을 만들 때
자주 이런 착각을 한다:

- 내가 편하면 사용자도 편할 거야
- 내가 이해했으니까 충분히 설명된 거야
- 이 정도면 누구나 따라오겠지

하지만 현실은 다르다.

- 아무리 기능이 많아도 사용자가 복잡하면 이탈한다
- 내가 만든 구조를 **사용자가 쉽게 이해하지 못하면 무의미**하다
- 핵심은 **기능이 아니라 경험**이다

바이브코딩의 설계 철학은 명확하다:

"기술보다 사람이 먼저다."

사용자 중심 설계의 기본 3원칙

바이브코딩에서 시스템을 설계할 때 고려하는 핵심은 세 가지다:

가. 사용자의 이해도 기준

→ 그들이 기술적 배경이 없는 사람이라는 가정을 먼저 한다

→ 설명은 줄이고, 경험을 강조한다

→ 복잡한 단계는 시각적으로 분해한다

나. 사용자의 감정 흐름 기준

→ 시스템의 각 단계가 사용자의 감정선과 일치하는가?

→ 예: '첫 접속'은 기대, '설정 단계'는 긴장, '완료 후'는 만족을 설계해야 한다

다. 사용자의 반복 행동 기준

→ 이 시스템을 처음이 아닌 **계속 쓰게 만들 수 있는가?**

→ 사용자의 루틴 속에 자연스럽게 들어가는 흐름이어야 한다

바이브코딩 실전 예시: 사용자 중심 구조 만들기

가. 예시: 온라인 강의 등록 시스템

기획자 입장:

- "영상 올리고 결제창 열어두면 끝이지."

사용자 입장:

- "강의가 뭐지? 수준은? 내가 들을 수 있을까? 후기 없나?"
- "결제는 안전할까? 듣고 환불 가능?"

바이브코딩의 방식은 다르다:

가. GPT로 사용자 FAQ 기반 시나리오 설계

나. 커스텀 챗봇 생성 → 질문을 유도하고 안심 제공

다. 결제 UX: 링크가 아닌 단계적 페이지 흐름으로 배치

라. 사용자 후기: 자동 수집 + 랜딩페이지 내 배치

마. 접속자에 맞춘 콘텐츠 요약 카드 제공

기술보다 중요한 건 **사용자가 어떻게 느끼는가다.**

좋은 사용자 중심 구조는 '설명이 필요 없다'

우리가 매일 쓰는 도구는 왜 설명서 없이도 쉽게 쓸 수 있을까?

- 유튜브: 처음부터 영상 추천이 뜬다
- 쿠팡: 원하는 상품이 바로 보인다
- 네이버 지도: 위치 입력만 하면 경로가 나온다

이건 모두 **사용자의 행동을 미리 예측해서 인터페이스를 설계했기 때문**이다.

바이브코딩에서도 같은 접근이 필요하다:

- 클릭해야 알 수 있는 구조 X
- 먼저 보여 주고 유도하는 구조 O
- 선택의 폭이 너무 넓은 구조 X
- "이거 하세요"를 제안하는 구조 O

사용자 중심 시스템이 주는 이점

일반 시스템	사용자 중심 설계
관리자 중심 설계	사용자 감정선에 맞춤
정보는 많지만 흩어짐	필요한 정보를 순서대로 제시
기술적 용어 많음	쉬운 언어, 안내 중심
첫 사용이 어렵다	첫 경험이 자연스럽다
반복 사용 유도 어려움	루틴화 구조 내장

요약 - 시스템은 기술이 아니라 '배려'다

- 사용자 중심 설계는 **기술적 디테일보다 감정 흐름 설계에 가깝다**
- 내가 만들기 쉬운 시스템보다,
- **상대가 쓰기 편한 시스템이 훨씬 더 오래간다**
- 바이브코딩은 **사용자 입장에서 설계하는 습관을 도구화**한다

◉ 핵심 메시지:

"이 정도면 알겠지?"라는 생각은 금물.

사용자 중심 설계는 "이 사람이 여기서 뭘 느낄까?"라는 질문으로 시작된다.

바이브코딩은 그 질문에 가장 빠르고 정확하게 답하는 설계 방식을 제공한다.

4) 창의적 문제해결(Creative Problem-Solving)

- 정답이 없을 때, 새 길을 만드는 능력

> 문제는 늘 생긴다. 그런데 정답은 없다

어떤 시스템이든, 어떤 비즈니스든
문제는 반드시 생긴다.

- 고객이 갑자기 줄었다
- 기존 마케팅 방식이 안 먹힌다
- 자동화 시스템이 중간에 멈췄다
- 내가 만든 콘텐츠가 반응이 없다

이럴 때 대부분은 '정답'을 찾으려고 한다.
하지만 현실은 그렇지 않다.
문제를 해결하는 건
정답을 찾는 게 아니라, 새로운 조합을 만드는 일이다.

GPT 시대, 창의성은 도구 조합력이다

이전에는 '창의적 문제해결'이란
대단한 통찰이나 창의력, 천재적 아이디어로 여겨졌다.
하지만 지금은 다르다.

- 누구나 AI를 쓸 수 있고
- 누구나 GPT를 활용할 수 있고
- 누구나 자동화를 시도할 수 있다

이제 중요한 건,
"어떤 도구를 어떤 순서로 조합해 문제를 풀 것인가"이다.
바이브코딩은 이 '조합 설계'에 최적화된 방식이다.

창의적 문제해결의 실전 예시

가. 예시: 콘텐츠 반응이 떨어졌다

기존 방식:

- "더 많이 올려야 하나?"
- "광고 예산을 늘려야 하나?"

바이브코딩 접근:

가. GPT로 기존 콘텐츠 반응을 분석

나. 댓글과 좋아요 데이터를 텍스트로 추출

다. 피드백 요약 → "왜 이건 좋았고, 이건 반응이 없었나?"

라. Midjourney로 썸네일 개선

마. Zapier로 최적화된 콘텐츠 자동 발행 흐름 재설계

결과:

- 콘텐츠 수는 줄었지만, 도달률과 전환률은 2배 상승

핵심은 '정해진 방법'이 아니라
새로운 조합을 만들어 문제를 푼 것이다.

바이브코딩은 문제를 '다르게 보는 프레임'을 준다

바이브코딩을 쓰면 자연스럽게 **문제를 분해하는 습관**이 생긴다.

예:
"고객이 반응하지 않는다"는 문제를 다음처럼 분해할 수 있다:

- 콘텐츠 구조 문제?
- 전달 방식 문제?
- 메시지 톤 문제?
- 적절한 타이밍 문제?
- 반복 빈도 문제?

그리고 각각의 원인을

GPT, Canva, Notion, Zapier 같은 도구를 통해

각각 실험하고 교체해 보는 방식으로 해결한다.

이것이 바이브코딩이 말하는 **창의적 문제해결력**이다.

반복 가능한 창의력은 구조로 만들어진다

많은 사람이 창의력을 재능이라 생각한다.

하지만 바이브코딩은 다르게 본다.

창의력은 반복 가능한 구조로 만들 수 있다.

'문제를 다시 정의하고 → 작은 단위로 쪼개고 → 조합을 다르게 해 보는 과정'

이것이 바이브코딩이 만들어주는 사고 방식이다.

요약 - 바이브코딩은 '새로운 해결 경로'를 제안하는 사고 도구다

기존 문제해결	바이브코딩식 문제해결
방법을 외주나 전문가에 맡김	사용자가 직접 시도하고 개선
실패 → 중단	실패 → 재구성 후 반복 실험
도구가 정해져 있음	도구와 순서를 자유롭게 조합
창의력 = 아이디어	창의력 = 조합 실험 설계

⊙ 핵심 메시지:

문제 앞에서 멈추지 마라.

바이브코딩은 도구보다 중요한
'문제를 푸는 프레임'을 먼저 바꾸는 방식이다.
창의적 문제해결은 누구나 할 수 있다.
단, 그 구조를 만들 수 있을 때.

5) 지속가능한 확장(Sustainable Scaling)

- 시스템은 커져야 하고, 사람은 지치면 안 된다

> 확장은 성공 이후의 가장 큰 장애물

많은 1인 창업가가 겪는 공통된 문제:

"처음엔 잘 됐는데, 어느 순간부터 감당이 안 된다."

- 콘텐츠는 쌓이는데 관리가 안 되고
- 문의는 늘었는데 응대 시간이 늘어나고
- 고객이 많아졌는데 시스템이 버벅인다

여기서 대부분의 1인 시스템은 무너진다.

"커지는 건 좋은 일"인데,

그걸 감당할 구조가 없기 때문이다.

확장을 망치는 3가지 패턴

가. 수작업 증가

성공할수록 일이 늘고, 자동화 없이 계속 사람이 붙는다.
결국 번아웃 → 중단

나. 구조 없는 확장

기능을 늘리지만 체계 없이 붙이기만 해서
무너지기 쉬운 구조가 된다

다. 외주 의존 확대

운영이 복잡해지자 개발, 관리, 마케팅을 외부에 넘긴다 → 비용 증가 + 통제력 상실

바이브코딩은 이 모든 흐름을 '내가 감당할 수 있게 커지는 방식'으로 설계한다.

바이브코딩은 '지속 가능한 확장'을 위한 3계층 구조를 갖춘다

가. 자동화 계층
- 반복되는 행위는 모두 자동화
- Zapier, Make, Tally, GPT 등으로 일 처리 구조화

나. 모듈화 계층
- 기능은 독립적인 블록처럼 구성
- 콘텐츠, 마케팅, 고객 대응 등 파트별로 분리해서 확장 가능

다. 재사용 계층
- 한번 만든 구조는 변형해서 재사용
- 예: 전자책 시스템 → 강의 → 워크숍으로 응용

확장이 무섭지 않으려면
확장이 커져도 무너지지 않는 '기초 구조'가 필요하다.

실제 사례 - 바이브코딩을 통한 자연스러운 확장

사례: 1인 교육 창업가 B씨
- 초기: 전자책 1권 → PDF + 노션 배포
- 개선: GPT로 강의 스크립트 변환 → 영상 콘텐츠로 확장
- 확장: 수강생 피드백 자동 수집 → 커뮤니티 운영
- 운영: 문의 → 챗봇 / 과제제출 → 구글드라이브 / 수료증 → 자동 이메일 전송

결과:
- 매출 3배 성장
- 본인은 콘텐츠 제작과 개선에만 집중

- 시스템 유지비용은 오히려 줄어듦

중요한 건 성장보다 그걸 감당할 수 있도록 설계했다는 점.

바이브코딩으로 확장하는 1인 비즈니스 구조

확장 요소	기존 방식	바이브코딩 방식
콘텐츠 증가	관리 어려움	Notion + GPT 자동 구조
사용자 증가	응대 시간 폭증	챗봇 응대 + 데이터 자동 수집
서비스 다양화	업무 중복	모듈 구조 → 재사용 가능
수익 채널 확장	채널마다 새 구조 필요	한 시스템에서 파생 가능
성장 후 운영	외주 의존 증가	구조 내 자동화로 자립 가능

요약 - 확장은 전략이 아니라 '구조'로 대비해야 한다

- 바이브코딩은 **운영을 덜어내는 방식으로 확장을 설계**한다
- 기능을 더하는 게 아니라 **기초를 나눠서 반복 재구성할 수 있는 구조**를 만든
- 내가 직접 운영하는 '유지 가능한' 확장, 그게 진짜 성장이자 자유다

⊙ 핵심 메시지:

잘 만든 시스템은 커질수록 가벼워진다.

바이브코딩은 확장을 '무거운 짐'이 아니라

'자연스러운 흐름'으로 바꿔주는 구조다.

8

바이브코딩 사용방법: 첫걸음 떼기

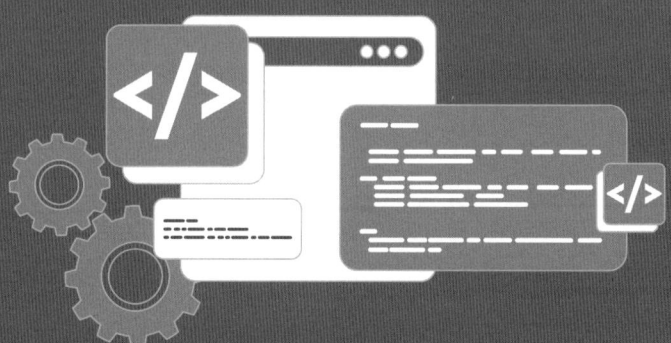

1) 바이브코딩을 위한 준비: 필요한 도구와 마인드셋

> **도구는 단순하게, 마인드셋은 구체적으로**

바이브코딩을 시작하기 위해 수십 개의 도구를 미리 알 필요는 없다. 오히려 중요한 건 올바른 사고방식이다. 많은 사람들이 "도구를 먼저 배워야 한다"고 생각하지만, 이는 순서가 뒤바뀐 접근이다.

- **필수 도구 3가지**: ChatGPT 계정 하나, Google 계정 하나, 그리고 메모장. 이게 전부다. 더 복잡한 도구들은 필요에 따라 천천히 추가하면 된다.
- **핵심 마인드셋 전환**: "완벽하게 만들어야 한다"에서 "일단 돌아가게 만들어 보자"로 사고를 바꾸는 것이다. 바이브코딩의 본질은 빠른 실험과 지속적인 개선에 있다.

> **첫 세팅의 원칙**

구글 워크스페이스를 기본으로 설정하라. Gmail, Google Sheets,

Google Drive가 바이브코딩의 기본 인프라가 된다. 이들은 서로 연결이 쉽고, 대부분의 자동화 도구와 호환된다.

ChatGPT는 프로 버전을 권장한다. 단순히 기능이 많아서가 아니라, API 제한이 적고 응답 속도가 빠르기 때문이다. 바이브코딩에서는 GPT와의 대화가 빈번하므로, 중간에 끊기지 않는 안정성이 중요하다.

성공하는 사람들의 공통된 습관

성공적으로 바이브코딩을 활용하는 사람들에게는 공통점이 있다. 그들은 "이것도 자동화할 수 있을까?"라는 질문을 습관적으로 던진다. 똑같은 일을 두 번째 할 때부터 이미 자동화를 고민하기 시작한다.

또한 이들은 실패를 두려워하지 않는다. 오히려 빠른 실패를 통해 빠른 학습을 추구한다. "완벽한 계획"보다는 "지금 당장 해 볼 수 있는 것"에 집중한다.

시작 전 체크리스트

바이브코딩을 시작하기 전에 자신에게 물어봐야 할 세 가지 질문이 있다. "내가 반복하고 있는 일은 무엇인가?", "이 일을 다른 사람에게 설명한다면 어떻게 할까?", "이 과정에서 가장 시간이 오래 걸리는 부분은 어디인가?"

이 세 질문에 명확히 답할 수 있다면, 이미 바이브코딩의 출발점에 서 있는 것이다. 복잡한 기술보다는 이런 명확한 문제 인식이 성공의 열쇠다.

2) 아이디어에서 프로토타입까지의 과정

아이디어는 문장 하나로 시작한다

"좋은 아이디어가 있는데 어떻게 시작해야 할지 모르겠다"는 말을 자주 듣는다. 하지만 바이브코딩에서는 아이디어를 복잡하게 생각할 필요가 없다. 한 문장으로 표현할 수 있다면, 그것으로 충분하다.

예를 들어 "매주 같은 형식의 뉴스레터를 쓰는 게 번거롭다"라는 문제의식이 있다면, 이를 "뉴스레터 템플릿 자동화"라는 한 문장으로 정리할 수 있다. 이것이 바로 프로토타입의 씨앗이다.

GPT와의 첫 대화가 설계의 시작

아이디어가 정리되면 즉시 ChatGPT를 열어라. "뉴스레터 템플릿을 자동화하고 싶은데, 어떤 흐름으로 만들 수 있을까?"라고 물어보는 것으로 시작한다.

GPT는 단순히 답변만 주는 것이 아니라, 당신이 생각하지 못했던 구조적 접근법을 제시해 준다. "콘텐츠 수집 → 템플릿 적용 → 배포 → 피드백 수집"과 같은 전체 흐름을 그려 준다.

30분 안에 첫 버전 만들기

바이브코딩의 핵심은 속도다. 아이디어가 나온 지 30분 안에 뭔가 돌아가는 첫 버전을 만드는 것을 목표로 한다. 완벽할 필요는 없다. 작동만 하면 된다.

뉴스레터 예시로 돌아가면, 첫 30분 동안은 GPT에게 간단한 뉴스레터 템플릿을 만들어달라고 요청하고, 그것을 Notion 페이지에 붙여넣는 것만으로도 첫 프로토타입이 완성된다.

테스트는 혼자가 아닌 실제 상황에서

프로토타입이 완성되면 혼자서 테스트하지 말고, 실제 상황에서 써보거나 다른 사람에게 보여줘라. 혼자서 하는 테스트는 자기만족에 그칠 가능성이 높다.

뉴스레터라면 실제로 구독자 몇 명에게 보내보거나, 동료에게 검토를 요청해 보라. 이런 실제 피드백이 다음 개선 방향을 결정해 준다.

3) AI와의 효과적인 협업 방법

AI는 직원이 아니라 협업 파트너다

많은 사람들이 AI를 단순한 작업 도구로 생각한다. "이것 좀 해 줘"라고 명령하면 결과물을 받는 관계로 보는 것이다. 하지만 바이브코딩에서 AI는 함께 생각하고 문제를 해결하는 파트너에 가깝다.

효과적인 협업을 위해서는 AI에게 맥락을 충분히 제공해야 한다. "블로그 글 써줘"보다는 "30대 직장인을 대상으로 한 시간 관리 블로그 글을 유쾌하지만 실용적인 톤으로 써 줘"가 훨씬 나은 요청이다.

대화하듯 점진적으로 개선하기

AI와의 협업에서 가장 효과적인 방법은 한 번에 완벽한 결과를 요구하는 것이 아니라, 대화를 통해 점진적으로 개선해 나가는 것이다.

첫 번째 요청에서 70% 정도의 결과가 나오면, "여기서 이 부분을 더 구체적으로 해 줘", "톤을 조금 더 전문적으로 바꿔 줘"와 같은 식으로 세부 조정을 해나간다. 이런 반복 과정을 통해 정확히 원하는 결과물을 얻을 수 있다.

> **맥락 유지의 기술**

AI와의 긴 협업에서 중요한 것은 맥락을 유지하는 것이다. 새로운 대화를 시작할 때마다 처음부터 설명해야 한다면 비효율적이다.

중요한 프로젝트의 경우, 대화 초반에 "이 프로젝트는 1인 창업가를 위한 자동화 시스템이고, 목표는 시간 절약이며, 사용자는 기술 초보자라고 가정해 줘"와 같은 맥락 정보를 명확히 제시하라. 이후의 모든 대화에서 이 맥락이 유지된다.

> **실패도 함께 분석하기**

AI와의 협업에서 모든 시도가 성공하는 것은 아니다. 때로는 원하는 결과가 나오지 않거나, 생각과 다른 방향으로 흘러갈 수 있다. 이럴 때 AI에게 "왜 이런 결과가 나왔을까?"라고 묻고 함께 분석해 보라.

이런 실패 분석 과정에서 오히려 더 나은 접근법을 발견하는 경우가 많다. AI는 자신의 추론 과정을 설명할 수 있기 때문에, 이를 통해 더 효과적인 협업 방법을 학습할 수 있다.

4) 일반적인 오류와 해결 방법

오류 1: 처음부터 완벽을 추구하는 함정

가장 흔한 오류는 첫 시도에서 완벽한 시스템을 만들려고 하는 것이다. "모든 기능을 다 넣어야 한다", "디자인도 완벽해야 한다", "버그가 하나도 없어야 한다"고 생각하다가 결국 시작조차 못하는 경우가 많다.

- **해결 방법:** MVP(최소 실행 가능 제품) 사고를 적용하라. 핵심 기능 하나만 돌아가도록 만들고, 나머지는 점진적으로 추가해 나가라. "지금 당장 꼭 필요한 것"과 "나중에 있으면 좋을 것"을 구분하는 연습을 하라.

오류 2: 도구에 매몰되는 실수

새로운 도구를 발견할 때마다 "이것도 써 봐야지"라며 도구 수집가가 되는 경우가 있다. 도구 자체에 흥미를 느끼다 보면 정작 해결하려던 문제를 잊게 된다.

- **해결 방법:** 도구는 수단이지 목적이 아니라는 것을 기억하라. 새로운 도구를 도입하기 전에 "이 도구가 내 현재 문제를 정말 해결해 주는가?"를 먼저 질문하라. 기존 도구로도 충분히 해결 가능하다면 굳이 바꿀 필요는 없다.

오류 3: 자동화 과욕증

"모든 것을 자동화해야 한다"는 생각에 빠져서, 자동화하는 데 더 많은 시간을 쓰는 역설적 상황이 발생하기도 한다. 5분 걸리는 일을 자동화하기 위해 3시간을 투자하는 것은 비효율적이다.

- **해결 방법**: 자동화의 투자 대비 효과를 계산해 보라. 한 달에 몇 번 반복되는 일인지, 자동화에 얼마나 시간이 걸릴지를 먼저 계산하라. 투자 시간이 절약 시간보다 크다면 수동으로 하는 것이 나을 수 있다.

오류 4: 문서화 소홀

바이브코딩 시스템을 만들어놓고 문서화를 소홀히 하는 경우가 많다. 몇 달 후에 자신이 만든 시스템을 이해하지 못하거나, 다른 사람에게 설명할 수 없는 상황이 발생한다.

- **해결 방법:** 시스템을 만들면서 동시에 간단한 메모를 남겨 두라. "이

부분은 왜 이렇게 설정했는지", "이 도구를 선택한 이유" 등을 기록해 두면, 나중에 유지보수할 때 큰 도움이 된다.

5) 첫 프로젝트 성공을 위한 체크리스트

> **프로젝트 시작 전 체크리스트**

- **문제 정의**: 해결하려는 문제를 한 문장으로 명확히 표현할 수 있는가? 애매한 문제는 애매한 해결책밖에 만들어내지 못한다.
- **성공 기준**: 이 프로젝트가 성공했다고 판단할 기준이 명확한가? "시간이 절약된다"는 막연한 기준보다는 "주 2시간 절약"과 같은 구체적 기준이 필요하다.
- **리소스 확인**: 필요한 도구와 시간을 현실적으로 확보할 수 있는가? 과도한 계획보다는 현재 가용한 리소스 내에서 시작하라.

> **실행 중 체크리스트**

- **일일 진행 확인**: 매일 작은 진전이라도 있는가? 3일 연속 진전이 없다면 접근 방법을 바꿔야 할 신호다.
- **피드백 수집**: 혼자만의 판단에 의존하지 않고 있는가? 가능한 한 빨리 다른 사람의 의견을 구하라.

- **방향 수정**: 처음 계획과 다른 방향으로 가고 있다면, 그것이 더 나은 방향인지 점검했는가? 변화를 두려워하지 말되, 이유 없는 변화는 피하라.

완료 후 체크리스트

- **실제 사용**: 만든 시스템을 실제로 사용하고 있는가? 만들어놓고 사용하지 않는다면 시간 낭비다.
- **개선점 파악**: 사용하면서 발견한 불편함이나 개선점을 기록해 두었는가? 이것이 다음 버전의 개발 방향이 된다.
- **재사용 가능성**: 이 프로젝트에서 배운 것을 다른 프로젝트에도 적용할 수 있는가? 재사용 가능한 패턴이나 템플릿을 정리해두라.
- **성과 측정**: 당초 목표한 성과를 달성했는가? 달성했다면 무엇이 성공 요인이었는지, 달성하지 못했다면 무엇이 부족했는지 분석하라.

9

실전 바이브코딩 프로젝트

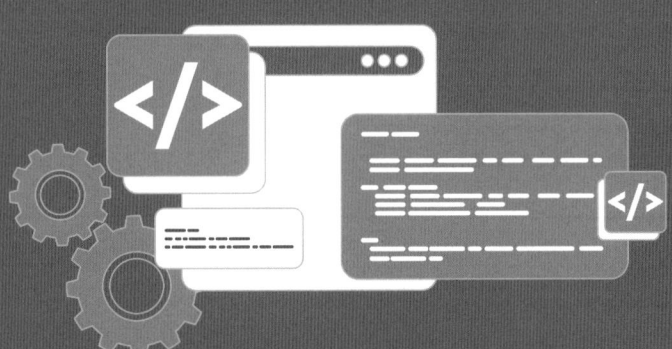

1) 웹사이트 만들기: 코딩 없이 나만의 온라인 공간

웹사이트는 이제 명함이 아니라 기능이다

과거의 웹사이트는 단순한 정보 전달 수단이었다. 회사 소개, 연락처, 몇 장의 사진이면 충분했다. 하지만 바이브코딩 시대의 웹사이트는 다르다. 방문자와 상호작용하고, 데이터를 수집하며, 비즈니스 프로세스의 일부가 되어야 한다.

현대적인 웹사이트는 정적인 브로셔가 아니라 살아있는 비즈니스 도구다. 방문자가 문의를 남기면 자동으로 분류되고, 관심사에 맞는 콘텐츠가 추천되며, 구매까지 자연스럽게 연결되는 흐름을 가져야 한다.

30분 안에 첫 웹사이트 만들기

바이브코딩으로 웹사이트를 만드는 과정은 놀랍도록 간단하다. ChatGPT에게 "1인 디지털 마케터를 위한 랜딩페이지를 만들고 싶다"고 말하면, 필요한 섹션과 콘텐츠 구조를 제안해 준다.

1. **1단계: 구조 설계 (10분)** GPT에게 비즈니스 목적과 타겟 고객을 설명하면, 헤더, 히어로 섹션, 서비스 소개, 포트폴리오, 연락처 등의 기본 구조를 제안한다. 각 섹션에 들어갈 텍스트도 함께 생성해 준다.
2. **2단계: 시각적 구현 (15분)** Typedream, Carrd, 또는 Notion 같은 노코드 도구에 GPT가 제공한 콘텐츠를 붙여넣는다. 이런 도구들은 드래그 앤 드롭만으로도 전문적인 디자인을 만들 수 있다.
3. **3단계: 기능 연결 (5분)** 연락처 폼은 Google Forms나 Tally로 만들고, 이를 Zapier로 이메일 알림과 연결한다. 방문자가 문의를 남기면 자동으로 확인 메일이 발송되는 시스템까지 완성된다.

기능적 웹사이트로 진화시키기

첫 버전이 완성되면 점진적으로 기능을 추가해나간다. 단순한 정보 사이트에서 비즈니스 도구로 진화시키는 과정이다.

1. **방문자 분석**: Google Analytics나 Hotjar 같은 도구를 연결해서 방문자의 행동을 분석한다. 어떤 페이지에서 이탈하는지, 어떤 콘텐츠에 관심을 갖는지를 파악한다.
2. **개인화 콘텐츠**: 방문자의 관심사에 따라 다른 콘텐츠를 보여주는 기능을 추가한다. 이는 GPT를 활용한 콘텐츠 추천 시스템으로 구현할 수 있다.
3. **자동화 연결**: 웹사이트를 다른 마케팅 도구와 연결한다. 뉴스레터 구독, 소셜미디어 연동, 고객관리시스템과의 연결 등을 통해 종합적인

마케팅 플랫폼으로 발전시킨다.

성공하는 웹사이트의 3가지 원칙

1. **속도**: 페이지 로딩이 빨라야 한다. 3초 안에 로딩되지 않으면 방문자의 절반이 떠난다. 노코드 도구들은 대부분 속도 최적화가 되어 있지만, 이미지 크기나 불필요한 기능은 정기적으로 점검해야 한다.
2. **명확성**: 방문자가 원하는 정보를 쉽게 찾을 수 있어야 한다. 복잡한 메뉴나 애매한 문구는 혼란만 가중시킨다. GPT에게 "이 웹사이트의 주요 메시지가 명확한지 검토해 달라"고 요청해서 객관적인 피드백을 받아라.
3. **전환**: 웹사이트의 목적이 무엇인지 명확해야 한다. 단순히 정보 제공이 목적인지, 상품 판매가 목적인지, 연락처 수집이 목적인지에 따라 디자인과 콘텐츠가 달라져야 한다.

2) 자동화 시스템: 반복 작업에서 벗어나기

반복은 기계가, 창조는 인간이

1인 창업가가 가장 많은 시간을 소비하는 곳은 반복 작업이다. 같은 형식의 이메일 보내기, 정기적인 콘텐츠 발행, 고객 문의 응답, 데이터 정리 등. 이런 작업들은 중요하지만 창의성을 요구하지 않는다.

바이브코딩의 핵심은 이런 반복 작업을 자동화해서 창의적인 일에 더 많은 시간을 투자할 수 있게 하는 것이다. 자동화는 단순히 시간을 절약하는 것을 넘어서, 업무의 질을 향상시키고 실수를 줄이는 효과도 있다.

첫 자동화 프로젝트: 이메일 마케팅

이메일 마케팅은 자동화의 첫 프로젝트로 이상적이다. 효과를 측정하기 쉽고, 설정이 비교적 간단하며, 즉시 시간 절약 효과를 체감할 수 있기 때문이다.

- **기본 설정**: ConvertKit이나 MailerLite 같은 이메일 마케팅 도구를 선

택한다. 이런 도구들은 자동화 기능이 내장되어 있어서 복잡한 설정 없이도 이메일 시퀀스를 만들 수 있다.
- **콘텐츠 생성**: GPT에게 "신규 구독자를 위한 환영 이메일 시리즈 5개를 만들어달라"고 요청한다. 각 이메일의 목적과 톤을 명확히 지정하면, 개성 있으면서도 일관된 메시지를 생성해 준다.
- **트리거 설정**: 구독 신청, 구매 완료, 웹사이트 방문 등 특정 행동을 트리거로 해서 자동으로 이메일이 발송되도록 설정한다. 예를 들어, 누군가 전자책을 다운로드하면 관련 주제의 이메일 시리즈가 자동으로 시작된다.

고급 자동화: 멀티채널 연동

이메일 자동화가 안정화되면 다른 채널과 연동하는 고급 자동화로 발전시킬 수 있다. 이메일, 소셜미디어, 고객관리시스템이 하나의 통합된 흐름으로 작동하는 시스템이다.

- **Zapier 활용**: Zapier는 다양한 앱들을 연결해 주는 자동화 도구다. "누군가 웹사이트에서 상담 신청을 하면, 슬랙에 알림이 가고, 구글 시트에 기록되며, 확인 이메일이 자동 발송된다"는 복잡한 워크플로우도 클릭 몇 번으로 설정할 수 있다.
- **AI 기반 분류**: 고객 문의를 GPT가 자동으로 분류하는 시스템을 만들 수 있다. 문의 내용을 분석해서 "기술 문의", "영업 문의", "환불 요청" 등으로 자동 분류하고, 각각에 맞는 담당자에게 할당하는 시스템이다.

자동화의 함정과 해결책

자동화는 분명히 효율성을 높여주지만, 잘못 설정하면 오히려 문제를 만들 수 있다. 가장 흔한 함정은 "설정하고 잊어버리기"다. 자동화 시스템도 정기적인 점검과 업데이트가 필요하다.

- **모니터링 시스템**: 자동화가 제대로 작동하는지 확인하는 모니터링 시스템을 함께 구축하라. 예를 들어, 이메일 발송 실패나 API 오류가 발생하면 즉시 알림을 받을 수 있는 시스템을 만들어둔다.
- **인간적 터치**: 완전 자동화보다는 적절한 인간적 개입이 들어가는 시스템이 더 효과적이다. 자동으로 분류된 문의를 사람이 한 번 더 검토하거나, 자동 생성된 콘텐츠를 사람이 편집하는 과정을 포함시킨다.

3) 디지털 제품 개발하기

디지털 제품의 새로운 정의

전통적인 디지털 제품 개발은 개발자, 디자이너, 기획자가 팀을 이뤄서 몇 달에 걸쳐 진행하는 프로젝트였다. 하지만 바이브코딩에서는 1인이 하루 만에 MVP를 만들고, 사용자 피드백을 받아 점진적으로 개선해 나가는 방식으로 접근한다.

디지털 제품은 더 이상 완성된 소프트웨어만을 의미하지 않는다. PDF 가이드, 온라인 도구, 템플릿, 자동화 워크플로우 등 사용자에게 가치를 제공하는 모든 디지털 자산이 제품이 될 수 있다.

아이디어 검증부터 시작하기

제품 개발의 첫 단계는 아이디어 검증이다. 내가 만들고 싶은 제품을 다른 사람들도 원하는지 확인하는 과정이다. 바이브코딩을 활용하면 이 검증 과정을 빠르고 효율적으로 진행할 수 있다.

- **랜딩페이지 테스트**: 제품을 실제로 만들기 전에 제품 소개 랜딩페이지를 먼저 만든다. GPT로 제품 설명과 혜택을 작성하고, Carrd나 Typedream으로 페이지를 구성한다. "사전 예약" 버튼을 넣어서 실제 관심도를 측정한다.
- **설문 조사 자동화**: Google Forms나 Typeform으로 간단한 설문을 만들어 타겟 고객의 니즈를 파악한다. GPT에게 효과적인 설문 질문을 작성해 달라고 요청하면, 편향되지 않은 중립적인 질문들을 제안해 준다.

MVP 개발: 핵심 기능만으로 시작하기

아이디어가 검증되면 최소 기능 제품(MVP)을 개발한다. 바이브코딩에서는 복잡한 소프트웨어 개발보다는 기존 도구들을 조합해서 핵심 기능을 구현하는 방향으로 접근한다.

예시:

습관 관리 앱 사용자가 일일 목표를 설정하고 달성 여부를 체크하는 간단한 앱을 만든다고 가정해 보자.

- **데이터 저장**: Airtable로 사용자 정보와 습관 데이터를 관리
- **인터페이스**: Softr이나 Glide로 모바일 친화적인 인터페이스 구성
- **알림 기능**: Zapier로 일정 시간에 알림 메일 발송
- **진행 상황 분석**: GPT가 데이터를 분석해서 개인화된 피드백 생성

이런 조합으로 전문 개발자 없이도 기능적인 앱을 만들 수 있다.

사용자 피드백 기반 개선

MVP가 완성되면 실제 사용자들에게 테스트를 받는다. 이 과정에서 수집된 피드백을 바탕으로 제품을 개선해나간다.

- **피드백 수집 자동화**: 제품 사용 후 자동으로 피드백 설문이 발송되도록 설정한다. 단순한 별점뿐만 아니라 구체적인 개선 제안도 받을 수 있도록 열린 질문을 포함한다.
- **데이터 기반 의사결정**: GPT에게 수집된 피드백을 분석해 달라고 요청한다. "어떤 기능이 가장 많이 요청되는지", "어떤 부분에서 사용자들이 어려움을 겪는지" 등을 객관적으로 분석해 준다.

수익화 모델 실험

제품이 안정화되면 다양한 수익화 모델을 실험해 본다. 바이브코딩의 장점은 새로운 수익 모델을 빠르게 테스트해 볼 수 있다는 것이다.

- **구독 모델**: Stripe이나 Gumroad로 월간 구독 결제 시스템을 구축.
- **프리미엄 기능**: 기본 기능은 무료로 제공하고, 고급 기능은 유료로 전환.
- **원타임 구매**: 완성된 템플릿이나 가이드를 일회성으로 판매.

각 모델의 전환율과 수익을 비교 분석해서 가장 효과적인 방식을 찾아낸다.

4) 온라인 마케팅 도구 구축하기

마케팅은 도구가 아니라 시스템이다

많은 1인 창업가들이 마케팅을 개별적인 액션으로 생각한다. "SNS에 포스팅하기", "이메일 보내기", "광고 돌리기" 등의 단편적인 활동으로 보는 것이다. 하지만 효과적인 마케팅은 이런 개별 활동들이 하나의 통합된 시스템으로 작동할 때 가능하다.

바이브코딩으로 구축하는 마케팅 시스템은 잠재 고객의 첫 접촉부터 실제 구매까지의 전체 여정을 자동화한다. 각 단계에서 적절한 메시지를 적절한 타이밍에 전달하는 스마트한 시스템이다.

콘텐츠 마케팅 자동화

콘텐츠 마케팅의 가장 큰 어려움은 꾸준함이다. 정기적으로 양질의 콘텐츠를 생산하는 것은 1인 창업가에게 큰 부담이다. 바이브코딩을 활용하면 이 부담을 크게 줄일 수 있다.

- **콘텐츠 아이디어 생성**: GPT에게 "내 타겟 고객이 관심을 가질 만한 블로그 주제 20개를 제안해 달라"고 요청한다. 업계 트렌드, 고객 문의사항, 계절성 등을 고려한 다양한 아이디어를 받을 수 있다.
- **콘텐츠 제작 파이프라인**:
    1. GPT로 초안 작성
    2. 사람이 검토하고 개인적인 경험 추가
    3. Canva로 시각 자료 생성
    4. Buffer나 Hootsuite로 소셜미디어 예약 발행
    5. 블로그와 뉴스레터에도 자동 배포
- **성과 분석**: 각 콘텐츠의 조회수, 공유수, 댓글 수 등을 자동으로 수집해서 GPT가 분석한다. "어떤 주제가 가장 인기가 좋았는지", "어떤 형식이 더 효과적인지" 등의 인사이트를 얻을 수 있다.

고객 여정 자동화

잠재 고객이 처음 당신을 알게 되는 순간부터 실제 구매에 이르기까지의 전체 여정을 자동화한다. 각 단계에서 고객의 관심도와 준비 상태에 맞는 콘텐츠를 제공하는 시스템이다.

가. 인지 단계
- SEO 최적화된 블로그 콘텐츠로 검색 트래픽 유치
- 소셜미디어 콘텐츠로 브랜드 인지도 증대
- 무료 자료 제공으로 이메일 주소 수집

나. 관심 단계

- 관심 분야별로 세분화된 이메일 시리즈 발송
- 웨비나나 무료 상담 제공
- 케이스 스터디나 성공 사례 공유

다. 고려 단계

- 제품 데모나 무료 체험 제공
- 고객 후기와 증언 공유
- 개인화된 제안서 발송

라. 구매 단계

- 한정 할인이나 보너스 제공
- 간편한 결제 프로세스
- 구매 후 온보딩 자동화

소셜미디어 마케팅 시스템

소셜미디어는 일관성이 핵심이다. 정기적으로 양질의 콘텐츠를 올리고, 팔로워들과 소통하며, 브랜드 이미지를 구축해야 한다. 하지만 매일 새로운 콘텐츠를 만드는 것은 현실적으로 어렵다.

- **콘텐츠 뱅크 구축**: 한 번에 여러 개의 콘텐츠를 미리 만들어두는 시스템이다. GPT에게 "한 달치 인스타그램 포스트 아이디어 30개"를 요청

하고, 각각에 대해 간단한 카피를 작성한다. Canva 템플릿을 활용해서 시각적 일관성을 유지한다.

1. **자동 발행 시스템**: Buffer나 Later 같은 도구로 콘텐츠를 예약 발행한다. 최적의 발행 시간을 자동으로 분석해서 가장 많은 사람들이 온라인에 있을 때 포스트를 올린다.
2. **소통 자동화**: 댓글이나 DM에 대한 1차 응답을 자동화한다. GPT로 자주 묻는 질문에 대한 답변을 미리 준비해두고, 키워드 기반으로 자동 응답한다. 복잡한 문의는 사람이 직접 대응한다.

이메일 마케팅 고도화

이메일은 여전히 가장 효과적인 마케팅 채널 중 하나다. 하지만 단순한 뉴스레터를 넘어서 개인화되고 자동화된 이메일 시스템을 구축해야 효과를 극대화할 수 있다.

- **세분화된 리스트 관리**: 구독자들을 관심사, 구매 이력, 참여도 등에 따라 세분화한다. 각 그룹에 맞는 맞춤형 콘텐츠를 제공한다. 예를 들어, 초보자에게는 기초 가이드를, 기존 고객에게는 고급 팁을 보낸다.
- **행동 기반 트리거**: 구독자의 행동에 따라 자동으로 이메일이 발송되는 시스템이다. 웹사이트의 특정 페이지를 방문하면 관련 정보를, 장바구니에 상품을 담고 구매하지 않으면 할인 쿠폰을 보낸다.

- **A/B 테스트 자동화**: 이메일 제목, 내용, 전송 시간 등을 자동으로 테스트한다. GPT에게 "같은 내용을 다른 톤으로 작성해 달라"고 요청해서 여러 버전을 만들고, 어떤 것이 더 효과적인지 비교 분석한다.

10

바이브시스템이란? 지속가능한 성장의 비밀

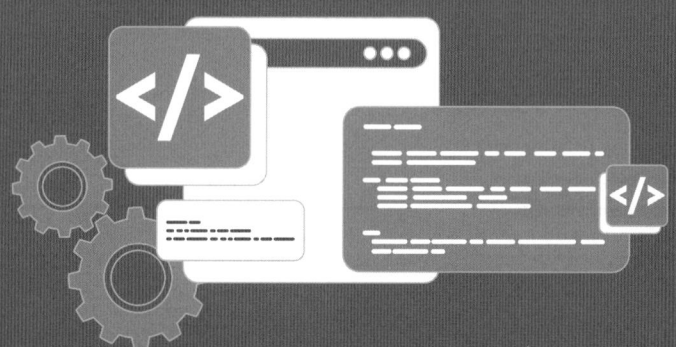

1) 하루만에 서비스 완성하기

24시간의 기적: 아이디어에서 런칭까지

"하루만에 서비스를 완성한다"는 말이 과장처럼 들릴 수 있다. 하지만 바이브코딩을 제대로 이해하고 활용하면 실제로 가능한 일이다. 여기서 "완성"은 모든 기능이 완벽한 상태를 의미하는 것이 아니라, 사용자가 핵심 가치를 경험할 수 있는 최소 실행 가능 제품(MVP)을 의미한다.

전통적인 서비스 개발은 기획 → 설계 → 개발 → 테스트 → 배포의 선형적 과정을 거친다. 각 단계가 완료되어야 다음 단계로 넘어갈 수 있고, 전체 과정에 몇 주에서 몇 달이 걸린다. 하지만 바이브코딩은 이 모든 과정을 동시다발적으로 진행한다.

시간별 실행 로드맵

- **오전 9시-11시: 아이디어 구체화 및 기술 스택 결정** 하루의 시작은 명확한 문제 정의부터다. "누가, 어떤 상황에서, 무엇 때문에 불편함을 느끼는가?"를 한 문장으로 정리한다. 그다음 ChatGPT와 함께 이 문

제를 해결하는 가장 간단한 방법을 브레인스토밍한다.

기술 스택 결정도 이 시간에 끝낸다. 복잡한 기술 검토 없이, 바이브코딩의 기본 도구들 중에서 선택한다. 웹 서비스라면 Bubble이나 Glide, 콘텐츠 서비스라면 Notion이나 Airtable, 마케팅 도구라면 Zapier나 Make를 기본으로 한다.

- **오전 11시-오후 1시: 핵심 기능 구현** 점심시간 전까지 서비스의 핵심 기능을 구현한다. 완벽하지 않아도 된다. 80% 수준으로 작동하면 충분하다. 이 시간 동안은 부가 기능이나 디자인 완성도보다는 핵심 사용자 경험에만 집중한다.

  예를 들어, 할 일 관리 앱을 만든다면 "할 일 추가", "완료 체크", "목록 보기" 기능만 구현한다. 카테고리 분류, 알림 기능, 통계 등은 나중에 추가한다.

- **오후 2시-4시: 사용자 인터페이스 및 사용자 경험 개선** 핵심 기능이 작동하면 사용자가 쉽게 사용할 수 있도록 인터페이스를 다듬는다. 복잡한 디자인 시스템을 만들 필요는 없다. 기본 템플릿을 활용하되, 사용자 경험의 흐름을 매끄럽게 만드는 데 집중한다.

  GPT에게 "초보 사용자도 쉽게 이해할 수 있는 UI 문구를 작성해 달라"고 요청하거나, "이 기능을 처음 사용하는 사람을 위한 가이드를 만들어 달라"고 요청한다.

- **오후 4시-6시: 테스트 및 버그 수정** 실제 사용 상황을 시뮬레이션해서 테스트한다. 혼자서 하는 테스트의 한계를 인정하고, 가능하면 주변 사람 1-2명에게 사용해 보도록 요청한다. 5분 정도의 짧은 테스트로도 치명적인 문제를 발견할 수 있다.

  이 시간에는 완벽한 테스트보다는 치명적인 버그만 수정한다. "서비스가 아예 작동하지 않는" 수준의 문제만 해결하고, 나머지는 추후 개선 목록에 기록해둔다.

- **오후 6시-8시: 배포 및 런칭** 서비스를 실제 사용자들이 접근할 수 있도록 배포한다. 바이브코딩에서는 복잡한 서버 설정이나 도메인 구매 없이도 배포가 가능하다. Bubble의 경우 클릭 한 번으로 웹에 배포되고, Notion의 경우 공유 링크만 생성하면 된다.

  런칭은 거창할 필요 없다. 소셜미디어에 간단한 소개와 링크를 올리고, 개인 네트워크에 공유하는 것으로 시작한다. 중요한 것은 실제 사용자로부터 피드백을 받는 것이다.

성공적인 24시간 개발을 위한 핵심 원칙

- **완벽주의 포기**: 하루만에 완성하려면 완벽주의를 포기해야 한다. 80% 수준의 기능이라도 작동하면 배포한다. 나머지 20%는 사용자 피드백을 받은 후에 개선한다.

- **스코프 제한**: 너무 많은 기능을 넣으려고 하지 않는다. 핵심 기능 하나에만 집중한다. "이것만 잘 되어도 사용자에게 가치를 줄 수 있다"는 수준으로 범위를 제한한다.

- **도구 활용 극대화**: 새로운 도구를 배우느라 시간을 낭비하지 않는다. 이미 익숙한 도구들만 사용하거나, 학습 곡선이 낮은 노코드 도구를 활용한다.

- **피드백 루프 최적화**: 혼자서 판단하지 않고 빠르게 외부 피드백을 받는다. 가족, 친구, 동료 등 주변 사람들의 솔직한 의견을 구한다.

2) 기능과 디자인 고도화하기

점진적 개선의 예술

24시간 안에 만든 MVP는 시작일 뿐이다. 진짜 가치 있는 서비스로 발전시키려면 지속적인 개선이 필요하다. 하지만 이 개선 과정도 체계적으로 접근해야 효율적이다.

전통적인 개발에서는 버전 2.0, 3.0처럼 큰 단위로 업데이트한다. 하지만 바이브코딩에서는 매일 조금씩 개선하는 방식을 택한다. 사용자 피드백을 받으면 즉시 반영하고, 새로운 아이디어가 생기면 바로 테스트해 본다.

사용자 피드백 기반 우선순위

개선할 부분은 무수히 많다. 디자인도 더 예쁘게 만들고 싶고, 기능도 더 추가하고 싶다. 하지만 무엇부터 개선할지는 사용자 피드백을 기준으로 결정해야 한다.

가. 피드백 분류 시스템
- **치명적 문제**: 서비스를 사용할 수 없게 만드는 버그나 오류
- **사용성 문제**: 기능은 작동하지만 사용하기 어려운 부분
- **기능 요청**: 새로운 기능에 대한 요청
- **디자인 개선**: 시각적 개선에 대한 제안

우선순위는 위 순서대로다. 치명적 문제는 즉시 해결하고, 사용성 문제는 일주일 내에, 기능 요청과 디자인 개선은 한 달 단위로 계획한다.

나. GPT 활용 피드백 분석

수집된 피드백을 GPT에게 분석해 달라고 요청한다. "이 피드백들을 분석해서 가장 시급한 개선사항 3가지를 제안해 달라"고 하면, 객관적인 관점에서 우선순위를 제안해 준다.

기능 확장 전략

MVP에서 기능을 확장할 때는 사용자의 워크플로우를 중심으로 생각한다. 개발자 중심의 기술적 편의가 아니라, 사용자가 실제로 겪는 불편함을 해결하는 방향으로 기능을 추가한다.

- **사용자 여정 맵핑**: 사용자가 서비스를 사용하는 전체 과정을 단계별로 나열한다. 각 단계에서 사용자가 느끼는 감정과 어려움을 파악한다. 가장 큰 마찰이 발생하는 지점부터 개선한다.

예를 들어, 할일 관리 앱의 경우:

1. 첫 방문 → 서비스 이해
2. 회원가입 → 개인정보 입력
3. 첫 할일 추가 → 사용법 학습
4. 일상적 사용 → 반복적 작업
5. 데이터 축적 → 성취감 확인

각 단계에서 사용자가 포기할 수 있는 지점을 찾아 우선적으로 개선한다.

디자인 시스템 구축

MVP 단계에서는 기본 템플릿을 사용했다면, 이제는 일관된 디자인 시스템을 구축할 때다. 하지만 복잡한 디자인 시스템을 처음부터 만들 필요는 없다. 바이브코딩에서는 기존 디자인 시스템을 활용하고 필요한 부분만 커스터마이징한다.

- **컬러 팔레트 정의**: GPT에게 "내 서비스의 성격에 맞는 컬러 팔레트를 제안해 달라"고 요청한다. 서비스의 목적, 타겟 사용자, 브랜드 성격을 설명하면 적절한 색상 조합을 제안해 준다.
- **타이포그래피 설정**: 웹폰트 서비스에서 제공하는 기본 폰트 중에서 선택한다. 너무 독특한 폰트보다는 가독성이 좋고 다양한 기기에서 일관되게 표시되는 폰트를 선택한다.
- **컴포넌트 표준화**: 버튼, 입력 필드, 카드 등 반복적으로 사용되는 UI

요소들의 스타일을 표준화한다. Figma나 Canva에서 제공하는 디자인 시스템 템플릿을 활용하면 효율적이다.

성능 최적화

사용자가 늘어나고 기능이 추가되면서 서비스 성능이 저하될 수 있다. 바이브코딩에서는 복잡한 서버 최적화 대신 구조적 접근으로 성능을 개선한다.

- **데이터 구조 최적화**: Airtable이나 Google Sheets를 데이터베이스로 사용하는 경우, 데이터 구조를 정리하는 것만으로도 상당한 성능 개선이 가능하다. 불필요한 필드 제거, 인덱스 생성, 관계형 구조 최적화 등을 진행한다.
- **이미지 최적화**: 웹에서 사용하는 이미지들을 적절한 크기와 형식으로 최적화한다. Canva의 자동 압축 기능이나 TinyPNG 같은 도구를 활용해서 용량을 줄인다.
- **캐싱 전략**: 자주 변경되지 않는 콘텐츠는 캐싱을 활용한다. CDN 서비스를 활용하거나, 노코드 도구에서 제공하는 캐싱 옵션을 활성화한다.

3) 배포 및 공유하기

배포는 시작이지 끝이 아니다

많은 창업가들이 서비스를 완성하고 배포하는 것을 마지막 단계로 생각한다. 하지만 실제로는 배포가 진짜 여정의 시작이다. 아무리 좋은 서비스라도 사용자가 모르면 의미가 없다. 바이브코딩에서는 배포와 마케팅을 하나의 통합된 과정으로 본다.

전통적인 마케팅은 큰 예산을 들여서 광고를 집행하거나, PR 회사에 의뢰해서 언론 노출을 시도한다. 하지만 1인 창업가에게는 이런 방법이 현실적이지 않다. 대신 자동화된 마케팅 시스템과 바이럴 요소를 내장한 서비스 설계가 필요하다.

단계별 배포 전략

- **소프트 런칭 (1-2주)**: 전체 시장에 공개하기 전에 제한된 사용자 그룹에서 먼저 테스트한다. 가족, 친구, 동료 등 개인 네트워크를 활용한다. 이 단계에서는 홍보보다는 피드백 수집과 버그 수정에 집중한다.

초대 코드나 베타 테스터 시스템을 활용해서 사용자 수를 제한한다. Typeform으로 베타 테스터 신청을 받고, 선정된 사용자에게만 접근 권한을 제공한다.

- **제한적 런칭 (3-4주)**: 소프트 런칭에서 주요 문제들이 해결되면 더 넓은 범위로 확대한다. 전문 커뮤니티, 관련 소셜미디어 그룹, 업계 네트워크 등에 소개한다.

  이 단계에서는 "Product Hunt 준비 중", "곧 정식 출시" 같은 메시지로 기대감을 조성한다. 관심 있는 사용자들의 이메일을 미리 수집해서 정식 출시 때 알림을 보낼 수 있도록 준비한다.

- **정식 런칭 (5주차)**: 모든 준비가 완료되면 정식으로 런칭한다. Product Hunt, Hacker News, Reddit 등의 플랫폼에 소개하고, 소셜미디어에서 본격적인 마케팅을 시작한다.

  정식 런칭은 단순히 "서비스를 만들었습니다"가 아니라 스토리를 가져야 한다. "이런 문제를 해결하기 위해 만들었습니다", "이런 사용자들의 피드백을 반영했습니다" 같은 내러티브가 필요하다.

자동화된 공유 시스템

서비스 자체에 공유 기능을 내장해서 사용자들이 자연스럽게 다른 사람들에게 소개할 수 있도록 만든다. 이는 가장 효과적인 마케팅 방법 중 하나다.

- **성과 공유 기능**: 사용자가 서비스를 통해 달성한 성과를 소셜미디어에

공유할 수 있는 기능을 추가한다. 할일 관리 앱이라면 "이번 주 목표 100% 달성!" 같은 성취를 이미지로 생성해서 공유할 수 있게 한다.

- **추천 리워드 시스템**: 기존 사용자가 새로운 사용자를 추천하면 양쪽 모두에게 혜택을 주는 시스템을 만든다. 복잡한 포인트 시스템보다는 "프리미엄 기능 1개월 무료 사용" 같은 간단한 혜택이 효과적이다.
- **콘텐츠 마케팅 자동화**: 서비스 사용 과정에서 생성되는 데이터를 활용해서 마케팅 콘텐츠를 자동으로 만든다. 예를 들어, "이번 주 가장 많이 완료된 할일 TOP 10" 같은 콘텐츠를 자동으로 생성해서 블로그나 소셜미디어에 발행한다.

SEO 및 검색 노출 최적화

아무리 좋은 서비스라도 검색에서 찾을 수 없다면 새로운 사용자를 확보하기 어렵다. 바이브코딩에서는 복잡한 SEO 기법보다는 기본적인 최적화에 집중한다.

1. **키워드 리서치**: GPT에게 "내 서비스와 관련된 검색 키워드를 제안해 달라"고 요청한다. 경쟁이 치열한 핵심 키워드보다는 롱테일 키워드를 중심으로 콘텐츠를 만든다.
2. **콘텐츠 SEO**: 서비스 소개 페이지, 도움말, 블로그 등의 콘텐츠를 검색엔진 친화적으로 작성한다. 각 페이지마다 명확한 제목, 메타 설명, 헤딩 구조를 갖추도록 한다.
3. **로컬 SEO**: 지역 기반 서비스라면 Google My Business에 등록하고,

지역 키워드를 포함한 콘텐츠를 만든다. "서울 할일 관리", "재택근무 생산성 도구" 같은 구체적인 키워드를 활용한다.

미디어 및 인플루언서 아웃리치

전통적인 PR은 비용이 많이 들고 결과를 보장할 수 없다. 하지만 바이브코딩 방식으로는 개인화된 아웃리치를 통해 더 효과적인 결과를 얻을 수 있다.

1. **타겟 미디어 리스트**: 내 서비스와 관련된 미디어, 블로거, 유튜버, 팟캐스터들의 리스트를 만든다. 대형 미디어보다는 틈새 분야의 인플루언서들이 더 효과적일 수 있다.
2. **개인화된 피치**: GPT를 활용해서 각 미디어나 인플루언서의 성격에 맞는 개인화된 이메일을 작성한다. 단순한 홍보 메일이 아니라, 그들의 독자나 시청자에게 실제로 도움이 될 것 같은 내용으로 접근한다.
3. **가치 제공 우선**: 단순히 "우리 서비스를 소개해 달라"가 아니라 "독자들에게 도움이 될 만한 팁을 제공하겠다"는 관점으로 접근한다. 무료 가이드, 독점 인터뷰, 특별 할인 등의 가치를 함께 제공한다.

4) 바이브시스템으로 비즈니스 가치 극대화하기

시스템이 곧 자산이다

대부분의 1인 창업가들은 제품이나 서비스 자체에만 집중한다. 하지만 진정한 비즈니스 가치는 제품이 아니라 시스템에서 나온다. 같은 품질의 제품이라도 얼마나 효율적인 시스템으로 운영되느냐에 따라 수익성과 확장성이 달라진다.

바이브시스템의 핵심은 창업자가 직접 관여하지 않아도 돌아가는 자동화된 비즈니스 프로세스를 구축하는 것이다. 이는 단순히 작업을 줄이는 것을 넘어서, 비즈니스의 가치를 근본적으로 높이는 전략이다.

수익 모델의 다변화

하나의 수익원에만 의존하는 비즈니스는 위험하다. 시장 변화나 경쟁 심화에 취약하기 때문이다. 바이브시스템을 활용하면 하나의 핵심 서비스를 중심으로 다양한 수익 모델을 동시에 운영할 수 있다.

- **프리미엄 모델**: 기본 서비스는 무료로 제공하고, 고급 기능은 유료로 전환하는 모델이다. 자동화 시스템을 활용해서 사용자의 사용 패턴을 분석하고, 적절한 타이밍에 업그레이드를 제안한다.
- **구독 모델**: 정기적인 가치 제공을 통해 안정적인 수익을 확보하는 모델이다. 월간 리포트, 전용 콘텐츠, 개인화된 서비스 등을 자동으로 제공하는 시스템을 구축한다.
- **마켓플레이스 모델**: 사용자들 간의 거래를 중개하면서 수수료를 받는 모델이다. 거래 매칭, 결제 처리, 분쟁 해결 등의 과정을 자동화해서 운영 비용을 최소화한다.
- **데이터 모델**: 서비스 운영 과정에서 수집된 데이터를 분석해서 인사이트를 제공하는 모델이다. 개인정보는 보호하면서도 시장 트렌드나 사용자 행동 패턴 등의 유용한 정보를 상품화한다.

고객 생애 가치(LTV) 최적화

단순히 신규 고객을 늘리는 것보다 기존 고객의 가치를 높이는 것이 더 효율적이다. 바이브시스템을 활용하면 고객의 전체 라이프사이클을 관리하고 각 단계에서 최적의 가치를 제공할 수 있다.

1. **온보딩 자동화**: 신규 고객이 서비스에 쉽게 적응할 수 있도록 단계별 가이드를 제공한다. 이메일 시리즈, 인앱 튜토리얼, 개인화된 추천 등을 통해 초기 이탈을 방지한다.
2. **참여도 증진**: 고객의 서비스 사용 패턴을 분석해서 참여도가 떨어지

는 시점을 파악한다. 해당 시점에 맞춤형 콘텐츠나 인센티브를 제공해서 재참여를 유도한다.
3. **업셀링/크로스셀링**: 고객의 니즈와 사용 이력을 바탕으로 추가 상품이나 서비스를 추천한다. 강압적인 판매가 아니라 자연스러운 제안이 되도록 타이밍과 메시지를 최적화한다.
4. **장기 관계 구축**: 단순한 거래 관계를 넘어서 장기적인 파트너십을 구축한다. 정기적인 체크인, 개인화된 서비스, 독점 혜택 등을 통해 고객 충성도를 높인다.

운영 효율성 극대화

같은 매출이라도 운영 비용이 낮으면 수익성이 높아진다. 바이브시스템의 자동화 기능을 최대한 활용해서 운영 효율성을 극대화한다.

- **고객 서비스 자동화**: FAQ 봇, 자동 응답 시스템, 셀프 서비스 포털 등을 구축해서 고객 서비스 비용을 줄인다. 복잡한 문의만 사람이 직접 처리하고, 단순한 문의는 자동화 시스템이 해결한다.
- **마케팅 자동화**: 콘텐츠 생성, 소셜미디어 발행, 이메일 마케팅, 광고 운영 등을 자동화한다. 사람은 전략 수립과 창의적 작업에만 집중하고, 반복적인 실행은 시스템이 담당한다.
- **재무 관리 자동화**: 매출 추적, 비용 분석, 세금 계산 등을 자동화해서 재무 관리에 드는 시간을 줄인다. 실시간 대시보드를 통해 비즈니스 상황을 한눈에 파악할 수 있도록 한다.

확장성 확보

성공한 비즈니스는 확장을 고려해야 한다. 하지만 확장 과정에서 품질이 떨어지거나 운영이 복잡해지면 오히려 역효과가 날 수 있다. 바이브시스템은 확장성을 고려한 구조로 설계된다.

1. **모듈화 설계**: 비즈니스의 각 구성 요소를 독립적인 모듈로 설계한다. 새로운 시장이나 제품으로 확장할 때 기존 모듈을 재사용하거나 새로운 모듈을 추가하는 방식으로 대응한다.
2. **API 우선 접근**: 다른 시스템과의 연동을 고려해서 API 중심으로 설계한다. 나중에 더 고급 도구로 업그레이드하거나 다른 서비스와 연동할 때 유연하게 대응할 수 있다.
3. **데이터 중심 의사결정**: 확장 결정을 감정이나 직관이 아닌 데이터를 바탕으로 내린다. A/B 테스트, 코호트 분석, 예측 모델링 등을 활용해서 확장의 성공 가능성을 사전에 검증한다.

11

AI 바이브코딩의 다음 단계

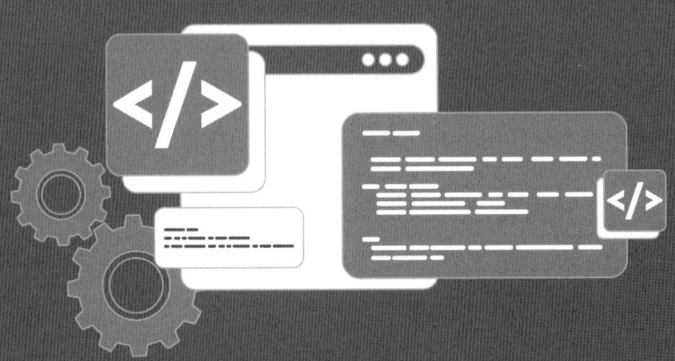

1) 기술 발전에 따른 바이브코딩의 진화

AI 기술의 가속화되는 발전

AI 기술은 기하급수적으로 발전하고 있다. 1년 전만 해도 불가능했던 것들이 지금은 당연하게 사용되고 있으며, 6개월 후에는 또 다른 혁신이 우리를 기다리고 있을 것이다. 바이브코딩은 이런 급변하는 기술 환경에 적응할 수 있는 유연한 접근법이다.

현재의 GPT-4는 텍스트 중심의 작업에 특화되어 있지만, 곧 출시될 다음 세대 모델들은 이미지, 영상, 음성을 통합적으로 처리할 수 있을 것이다. 이는 바이브코딩의 활용 범위를 크게 확장시킬 것이다.

1. **멀티모달 AI의 시대**: 텍스트뿐만 아니라 이미지, 영상, 음성을 함께 처리할 수 있는 AI가 일반화되고 있다. 이는 콘텐츠 제작에서 완전히 새로운 가능성을 열어준다. 예를 들어, "이런 느낌의 영상을 만들어 달라"고 텍스트로 설명하면 AI가 스토리보드부터 최종 영상까지 생성하는 시대가 올 것이다.
2. **실시간 협업 AI**: 현재는 요청을 하고 결과를 받는 방식이지만, 미래

에는 AI가 실시간으로 작업 과정에 참여할 것이다. 글을 쓰는 동안 AI가 실시간으로 제안을 하고, 디자인을 하는 동안 즉시 피드백을 주는 방식으로 발전할 것이다.

노코드/로우코드 플랫폼의 진화

AI가 발전함에 따라 노코드/로우코드 플랫폼도 더욱 지능화되고 있다. 단순한 드래그 앤 드롭을 넘어서, 자연어로 원하는 기능을 설명하면 AI가 자동으로 구현해 주는 시대가 다가오고 있다.

1. **자연어 기반 개발**: "고객 관리 시스템을 만들어달라"고 말하면 AI가 자동으로 데이터베이스 설계, UI 구성, 워크플로우 설정까지 완료하는 플랫폼들이 등장하고 있다. 이는 바이브코딩의 진입 장벽을 더욱 낮출 것이다.
2. **지능형 최적화**: AI가 사용자의 행동 패턴을 학습해서 자동으로 시스템을 최적화하는 기능이 추가되고 있다. 성능이 떨어지는 부분을 자동으로 감지하고 개선 방안을 제안하거나 직접 수정하는 것이 가능해질 것이다.

바이브코딩 방법론의 확장

기술이 발전함에 따라 바이브코딩의 적용 범위도 확장되고 있다. 단순한 웹 서비스나 콘텐츠 제작을 넘어서, 더 복잡하고 전문적인 영역까지 바이브코딩으로 접근할 수 있게 될 것이다.

1. **하드웨어 통합**: IoT 기기, 센서, 로봇 등의 하드웨어를 소프트웨어와 연동하는 작업도 바이브코딩으로 가능해질 것이다. 예를 들어, "온도가 25도 이상이면 에어컨을 켜고 스마트폰에 알림을 보내는 시스템"을 코딩 없이 구현할 수 있게 될 것이다.
2. **AI 모델 커스터마이징**: 현재는 기존 AI 모델을 그대로 사용하지만, 미래에는 자신의 데이터로 AI 모델을 쉽게 fine-tuning할 수 있게 될 것이다. 자신의 비즈니스나 스타일에 특화된 AI 어시스턴트를 만드는 것이 일반화될 것이다.
3. **블록체인 통합**: 암호화폐, NFT, 스마트 컨트랙트 등의 블록체인 기술도 바이브코딩으로 쉽게 활용할 수 있게 될 것이다. 복잡한 블록체인 개발 지식 없이도 탈중앙화 애플리케이션을 만들 수 있는 시대가 올 것이다.

2) 미래 기술 트렌드와 준비 방법

> 주목해야 할 기술 트렌드

바이브코딩을 활용하는 1인 창업가라면 어떤 기술 트렌드에 주목해야 할까? 모든 신기술을 다 따라갈 필요는 없지만, 비즈니스에 직접적인 영향을 줄 수 있는 트렌드는 미리 파악하고 준비해야 한다.

- **에지 컴퓨팅의 확산**: 클라우드에서 모든 것을 처리하는 방식에서 벗어나, 사용자 기기나 가까운 서버에서 직접 처리하는 에지 컴퓨팅이 확산되고 있다. 이는 더 빠른 응답 속도와 개인정보 보호를 가능하게 한다.

1. **음성 인터페이스의 진화**: 스마트 스피커를 넘어서 모든 디지털 기기에 음성 인터페이스가 탑재되고 있다. 바이브코딩으로 만든 서비스에도 음성 기능을 쉽게 추가할 수 있는 도구들이 등장할 것이다.
2. **AR/VR의 일상화**: 증강현실과 가상현실 기술이 일상생활에 깊숙이 들어오고 있다. 메타버스에서의 비즈니스 기회도 늘어날 것이며, 바

이브코딩으로 VR/AR 콘텐츠를 만드는 것도 가능해질 것이다.
3. **양자 컴퓨팅의 실용화**: 아직은 연구 단계지만, 양자 컴퓨팅이 실용화되면 현재로는 불가능한 복잡한 계산이 순식간에 가능해질 것이다. 이는 AI의 성능을 비약적으로 향상시킬 것이다.

기술 변화에 대응하는 전략

기술은 빠르게 변하지만, 당황하지 말고 체계적으로 대응해야 한다. 새로운 기술이 나올 때마다 무작정 도입하는 것은 비효율적이다. 대신 자신의 비즈니스 목표와 연결해서 선별적으로 접근하는 것이 중요하다.

1. **핵심 vs 주변 기술 구분**: 모든 신기술이 다 중요한 것은 아니다. 자신의 비즈니스에 직접적인 영향을 주는 핵심 기술과 그렇지 않은 주변 기술을 구분해야 한다. 핵심 기술은 깊이 있게 학습하고, 주변 기술은 트렌드 정도만 파악한다.
2. **실험 우선 접근**: 새로운 기술이 나오면 바로 전면 도입하지 말고, 작은 규모로 실험해 본다. 바이브코딩의 장점은 빠른 실험이 가능하다는 것이다. 새로운 AI 도구가 나오면 부분적으로 적용해 보고 효과를 측정한다.
3. **커뮤니티 활용**: 혼자서 모든 기술 트렌드를 파악하는 것은 불가능하다. 바이브코딩 커뮤니티, AI 관련 온라인 그룹, 노코드 포럼 등에 참여해서 다른 사람들의 경험을 공유받는다. 특히 비슷한 비즈니스를 하는 사람들의 기술 도입 사례를 주의 깊게 관찰한다.

기술 학습의 새로운 방법

전통적인 기술 학습은 책을 읽고, 강의를 듣고, 튜토리얼을 따라하는 방식이었다. 하지만 AI 시대에는 더 효율적인 학습 방법이 있다.

1. **AI 튜터 활용**: ChatGPT를 개인 튜터로 활용한다. 새로운 기술에 대해 궁금한 점이 있으면 즉시 질문하고, 단계별로 설명을 들을 수 있다. "블록체인을 1인 창업가가 어떻게 활용할 수 있는지 실용적인 예시 위주로 설명해 달라"는 식으로 맞춤형 학습이 가능하다.
2. **프로젝트 기반 학습**: 이론만 공부하지 말고 실제 프로젝트에 바로 적용해 본다. 새로운 AI 도구가 나오면 자신의 기존 프로젝트에 어떻게 적용할 수 있을지 고민하고 실험해 본다.
3. **역엔지니어링 접근**: 성공한 다른 서비스들을 분석해서 어떤 기술을 어떻게 활용했는지 파악한다. "이 기능은 어떤 도구로 만들었을까?", "이 자동화는 어떤 방식으로 구현했을까?"를 끊임없이 궁금해한다.

기술 변화 속에서 변하지 않는 원칙

기술은 빠르게 변하지만, 비즈니스의 본질은 그렇게 빨리 변하지 않는다. 기술 트렌드에 휩쓸리지 않으려면 변하지 않는 원칙을 명확히 해야 한다.

1. **사용자 중심 사고**: 어떤 신기술이 나와도 사용자에게 실제 가치를 주

는지가 가장 중요하다. 기술 자체에 매혹되지 말고, 사용자의 문제를 해결하는지를 항상 우선 기준으로 삼는다.
2. **단순함의 추구**: 기술이 복잡해질수록 단순함의 가치는 더욱 중요해진다. 새로운 기능을 추가할 때마다 "이것이 정말 필요한가?", "더 간단한 방법은 없는가?"를 자문한다.
3. **지속가능성 고려**: 유행하는 기술이라고 무작정 도입하지 말고, 장기적으로 유지 가능한지를 고려한다. 특히 1인 창업가는 복잡한 기술 스택을 혼자 관리하기 어렵다는 점을 염두에 둔다.

3) 평생 학습자로서의 마인드셋

학습의 패러다임 변화

AI 시대에는 학습의 개념 자체가 바뀌고 있다. 예전에는 한 번 배운 지식을 오랫동안 사용할 수 있었지만, 이제는 지식의 유효기간이 점점 짧아지고 있다. 평생 학습이 선택이 아닌 필수가 된 시대다.

특히 바이브코딩을 활용하는 1인 창업가에게는 더욱 그렇다. 새로운 도구가 계속 등장하고, 기존 도구도 지속적으로 업데이트된다. 변화에 적응하지 못하면 경쟁력을 잃을 수밖에 없다.

고정 마인드셋 vs 성장 마인드셋: "나는 기술에 약해"라고 생각하는 고정 마인드셋을 버려야 한다. 대신 "아직 이 기술을 익히지 못했을 뿐"이라는 성장 마인드셋을 가져야 한다. 실제로 바이브코딩은 기술적 배경이 없는 사람도 충분히 마스터할 수 있다.

효율적인 학습 전략

무작정 많이 공부하는 것보다는 효율적인 학습 전략이 중요하다. 특히 1인 창업가는 시간이 제한적이므로 학습의 우선순위를 정확히 설정해야 한다.

1. **80/20 법칙 적용**: 모든 기능을 다 알 필요는 없다. 실제로 자주 사용하는 기능은 전체의 20% 정도다. 그 20%를 확실히 마스터하는 것이 80%를 대충 아는 것보다 훨씬 유용하다.
2. **just-in-time 학습**: 미리 다 배우려고 하지 말고, 필요할 때 바로 배우는 방식을 택한다. 새로운 프로젝트가 시작되면 그때 필요한 기술을 집중적으로 학습한다. 이는 학습 동기도 높이고 기억도 오래 지속시킨다.
3. **가르치며 배우기**: 배운 것을 다른 사람에게 가르치거나 블로그에 정리하는 습관을 기른다. 가르치는 과정에서 자신이 놓친 부분을 발견할 수 있고, 지식도 더 체계화된다.

실패를 통한 학습

바이브코딩에서는 빠른 실험이 가능하므로 실패의 비용이 낮다. 이를 활용해서 적극적으로 실험하고, 실패에서 배우는 문화를 만들어야 한다.

- **빠른 실패, 빠른 학습**: 작은 실험을 통해 빠르게 실패하고 빠르게 배

운다. 한 달 동안 고민하는 것보다 하루 만에 프로토타입을 만들어서 테스트해 보는 것이 훨씬 효율적이다.

1. **실패 일지 작성**: 실패한 프로젝트나 실험에 대해 간단한 기록을 남긴다. 무엇을 시도했는지, 왜 실패했는지, 다음에는 어떻게 할 것인지를 정리한다. 이런 기록이 쌓이면 패턴을 파악할 수 있고, 같은 실수를 반복하지 않을 수 있다.
2. **실패 공유**: 실패 경험을 혼자만 간직하지 말고 커뮤니티에 공유한다. 다른 사람들도 비슷한 실패를 했을 가능성이 높고, 함께 해결책을 모색할 수 있다. 실패를 숨기는 문화보다는 공유하는 문화가 전체적인 학습 속도를 높인다.

멘토링과 네트워킹

혼자 공부하는 것에는 한계가 있다. 경험이 많은 사람들로부터 배우고, 비슷한 길을 걷는 동료들과 함께 성장하는 것이 중요하다.

1. **온라인 멘토 찾기**: 직접 만날 수 있는 멘토가 없다면 온라인에서 찾는다. 유튜브, 블로그, 팟캐스트 등을 통해 자신이 배우고 싶은 분야의 전문가들을 팔로우한다. 그들의 콘텐츠를 꾸준히 소비하고, 가능하면 질문이나 댓글을 통해 소통을 시도한다.
2. **피어 러닝 그룹**: 비슷한 수준의 학습자들끼리 모여서 함께 공부하는 그룹을 만든다. 서로의 프로젝트를 리뷰해 주고, 새로운 기술 정보를

공유하며, 어려운 문제를 함께 해결한다.

3. **역멘토링 경험**: 자신보다 경험이 적은 사람들을 도와주는 경험도 중요하다. 가르치는 과정에서 자신의 지식을 다시 한번 정리할 수 있고, 새로운 관점을 얻을 수도 있다.

4) 바이브코딩 커뮤니티와 함께 성장하기

커뮤니티의 힘

1인 창업가는 혼자 일하지만, 혼자 성장할 필요는 없다. 바이브코딩 커뮤니티에 참여함으로써 다른 사람들의 경험을 공유받고, 자신의 노하우를 나누며, 함께 성장할 수 있다.

커뮤니티의 가장 큰 가치는 정보 공유가 아니라 동기 부여다. 혼자 작업하다 보면 의욕이 떨어지거나 방향을 잃기 쉽다. 하지만 비슷한 목표를 가진 사람들과 함께 하면 지속적인 동기를 얻을 수 있다.

온라인 커뮤니티 활용법

- **기여형 참여**: 단순히 정보를 얻기 위해서만 커뮤니티에 참여하지 말고, 적극적으로 기여하는 자세를 가진다. 자신이 해결한 문제의 솔루션을 공유하거나, 새로운 도구에 대한 리뷰를 작성하거나, 초보자의 질문에 답변을 해 준다.

1. **질문의 기술**: 좋은 질문을 하는 것도 기술이다. "이게 안 돼요"라는 막연한 질문보다는 "이런 상황에서 이런 방법을 시도했는데 이런 오류가 나옵니다. 어떻게 해결할 수 있을까요?"처럼 구체적인 질문을 한다.
2. **네트워킹 확대**: 온라인 커뮤니티에서 만난 사람들과의 관계를 단순한 온라인 관계로 끝내지 말고, 오프라인으로 확장하거나 더 깊은 협업 관계로 발전시킨다.

지식 공유의 선순환

커뮤니티가 활성화되려면 구성원들이 적극적으로 지식을 공유해야 한다. 하지만 많은 사람들이 "내가 아는 건 다들 알 거야"라고 생각하며 공유를 주저한다. 실제로는 당연하다고 생각하는 지식도 다른 사람에게는 매우 유용할 수 있다.

1. **문서화 습관**: 자신이 해결한 문제나 배운 내용을 문서로 정리하는 습관을 기른다. 처음에는 개인 기록용이지만, 나중에 다른 사람들에게 공유할 수 있는 자료가 된다.
2. **튜토리얼 제작**: 새로운 도구를 익히면 간단한 튜토리얼을 만들어서 공유한다. 전문가 수준의 완벽한 가이드가 아니어도 괜찮다. 초보자 관점에서 작성한 가이드가 오히려 더 유용할 수 있다.
3. **실패 사례 공유**: 성공 사례만큼이나 실패 사례도 공유한다. 다른 사람들이 같은 실수를 반복하지 않도록 도와주고, 함께 해결책을 찾아본다.

오프라인 활동의 중요성

온라인 커뮤니티도 중요하지만, 가능하면 오프라인에서도 만나는 것이 좋다. 직접 만나서 대화하면 온라인에서는 얻기 어려운 깊이 있는 교감이 가능하다.

1. **지역 모임 참여**: 바이브코딩, 노코드, 1인 창업 관련 지역 모임이 있다면 적극적으로 참여한다. 없다면 직접 만들어볼 수도 있다. 소규모라도 정기적으로 만나는 모임이 큰 도움이 된다.
2. **해커톤 참여**: 단기간에 집중적으로 프로젝트를 만드는 해커톤에 참여한다. 혼자 하기 어려운 규모의 프로젝트를 팀으로 완성할 수 있고, 다른 사람들의 작업 방식을 직접 볼 수 있다.
3. **컨퍼런스 및 워크숍**: 관련 분야의 컨퍼런스나 워크숍에 참여해서 최신 트렌드를 파악하고, 전문가들의 인사이트를 얻는다. 비용이 부담된다면 온라인으로 진행되는 이벤트부터 시작한다.

5) 당신만의 디지털 혁신 로드맵 만들기

개인화된 성장 전략

바이브코딩을 배우고 활용하는 것은 개인적인 여정이다. 모든 사람이 같은 속도로, 같은 방향으로 성장할 필요는 없다. 자신만의 로드맵을 만들어서 체계적으로 성장하는 것이 중요하다.

먼저 현재 자신의 위치를 정확히 파악해야 한다. 기술적 배경, 비즈니스 경험, 사용 가능한 시간, 목표하는 방향 등을 솔직하게 평가한다. 이를 바탕으로 현실적이면서도 도전적인 목표를 설정한다.

단계별 학습 계획

1단계:

기초 다지기 (1-3개월) 바이브코딩의 기본 개념과 핵심 도구들을 익힌다. ChatGPT, 기본적인 노코드 도구, 자동화 플랫폼 사용법을 배운다. 이 단계에서는 완벽함보다는 전체적인 흐름을 이해하는 데 집중한다.

- 주요 학습 내용: GPT 프롬프팅, Notion/Airtable 활용, Zapier 기초
- 실습 프로젝트: 간단한 자동화 워크플로우 1개 완성
- 성공 지표: 하루 30분 이상 절약되는 자동화 시스템 구축

2단계:

실전 경험 쌓기 (4-8개월) 실제 비즈니스 상황에서 바이브코딩을 적용해 본다. 작은 프로젝트부터 시작해서 점진적으로 규모를 키워 나간다. 실패와 성공을 반복하면서 실전 경험을 쌓는다.

- 주요 학습 내용: 고급 자동화, 웹사이트 구축, 마케팅 도구 활용
- 실습 프로젝트: 완전한 디지털 제품 1개 출시
- 성공 지표: 실제 사용자 100명 이상 확보

3단계:

시스템 고도화 (9-12개월) 개별 도구 사용을 넘어서 통합된 시스템을 구축한다. 여러 도구를 연결해서 복잡한 비즈니스 프로세스를 자동화한다. 데이터 분석과 최적화에도 신경 쓴다.

- 주요 학습 내용: 시스템 통합, 데이터 분석, 성능 최적화
- 실습 프로젝트: 다중 수익원을 가진 통합 플랫폼 구축
- 성공 지표: 월 수익 목표 달성 및 시스템 안정성 확보

4단계:

전문성 확립 (12개월 이후) 자신만의 전문 분야를 개발하고, 다른 사람들에게 도움을 줄 수 있는 수준에 도달한다. 커뮤니티에 기여하고, 새로운 방법론을 개발한다.

- 주요 활동: 멘토링, 콘텐츠 제작, 커뮤니티 기여
- 목표: 바이브코딩 분야의 전문가로 인정받기
- 성공 지표: 강의, 컨설팅, 콘텐츠를 통한 추가 수익 창출

지속적인 개선과 적응

로드맵은 한 번 만들고 끝나는 것이 아니다. 정기적으로 검토하고 수정해야 한다. 기술 변화, 시장 상황, 개인적 상황 변화 등을 반영해서 유연하게 조정한다.

- **분기별 리뷰**: 3개월마다 자신의 진행 상황을 점검한다. 목표 달성도, 학습 효과, 실제 비즈니스 성과 등을 종합적으로 평가한다. 필요하면 목표를 조정하거나 학습 방법을 바꾼다.
- **연간 전략 수립**: 1년마다 큰 그림에서 자신의 방향을 재점검한다. 새로운 기회나 도전 과제를 파악하고, 다음 해의 전략을 수립한다.

성공 측정과 동기 유지

추상적인 목표만으로는 동기를 유지하기 어렵다. 구체적이고 측정 가능한 지표를 설정해서 성장을 확인할 수 있도록 한다.

정량적 지표:
- 자동화로 절약하는 시간 (주간/월간)
- 바이브코딩으로 창출하는 수익
- 완성한 프로젝트 수
- 사용자 수, 전환율 등 비즈니스 지표

정성적 지표:
- 새로운 기술에 대한 학습 속도
- 문제 해결 능력의 향상
- 커뮤니티에서의 기여도
- 자신감과 만족도

장기적 비전

바이브코딩은 단순한 기술이 아니라 새로운 사고방식이다. 이를 통해 궁극적으로 어떤 삶을 살고 싶은지 명확한 비전을 가져야 한다.

- **자율성 확보**: 시간과 장소에 구애받지 않고 일할 수 있는 자율성을 확

보한다. 바이브코딩 시스템이 자동으로 돌아가는 동안 자신은 더 창의적이고 의미 있는 일에 집중한다.

- **영향력 확대**: 개인의 성공을 넘어서 다른 사람들에게도 도움을 줄 수 있는 영향력을 기른다. 자신이 개발한 시스템이나 방법론을 공유해서 더 많은 사람들이 혜택을 받을 수 있도록 한다.
- **지속가능한 성장**: 단기적인 성과에 매몰되지 않고 장기적으로 지속가능한 성장을 추구한다. 기술이 바뀌어도 적응할 수 있는 학습 능력과 시스템 사고를 계속 발전시킨다.

맺음말

바이브코딩, 새로운 시대의 생존 전략

이 책을 쓰기 시작한 이유는 단순했다. 너무 많은 사람들이 좋은 아이디어를 가지고 있으면서도 실행하지 못하는 모습을 봤기 때문이다. "기술을 몰라서", "개발자가 없어서", "자본이 부족해서"라는 이유로 꿈을 포기하는 사람들을 수없이 만났다.

하지만 AI와 노코드 도구들이 발전하면서 이런 장벽들이 하나씩 무너지고 있다. 이제는 아이디어와 실행력만 있으면 누구나 디지털 비즈니스를 시작할 수 있는 시대가 되었다. 바이브코딩은 바로 그런 시대에 맞는 새로운 접근법이다.

완벽함보다 실행을, 계획보다 실험을

이 책을 읽는 동안 가장 중요하게 기억했으면 하는 것은 "완벽함보다 실행"이라는 철학이다. 모든 것을 완벽하게 알고 시작하려고 하면 영원히 시작할 수 없다. 대신 작은 것부터 시작해서 점진적으로 개선해 나가는 방식이 훨씬 효과적이다.

바이브코딩의 가장 큰 장점은 빠른 실험이 가능하다는 것이다. 실패해도 큰 손실이 없고, 성공하면 빠르게 확장할 수 있다. 이런 특성을 활용해서 많은 것을 시도해 보고, 실패에서 배우며, 성공을 키워 나가기 바란다.

혼자가 아닌 함께

1인 창업가라고 해서 모든 것을 혼자 해야 한다는 뜻은 아니다. AI는 당신의 든든한 협업 파트너가 되어줄 것이고, 바이브코딩 커뮤니티는 당신의 성장을 응원하는 동료들로 가득하다.

어려운 문제에 부딪혔을 때, 동기가 떨어졌을 때, 새로운 아이디어가 필요할 때 혼자 끙끙대지 말고 도움을 요청하기 바란다. 그리고 당신이 먼저 경험한 것들을 다른 사람들과 나누기 바란다. 그런 선순환이 모두를 더 빠르게 성장시킨다.

당신의 첫 번째 프로젝트를 시작하세요

이 책을 다 읽었다면 이제 실행할 차례다. 첫 번째 프로젝트는 거창할 필요 없다. 당신이 평소에 불편하게 느꼈던 작은 일 하나를 자동화하는 것부터 시작해 보자.

중요한 것은 완벽한 계획이 아니라 첫 번째 실행이다. 오늘 30분만 투자해서 ChatGPT와 대화를 나누고, 간단한 자동화를 시도해 보자. 그것이 당신의 바이브코딩 여정의 시작이 될 것이다.

마지막 당부

기술은 도구일 뿐이다. 정말 중요한 것은 그 도구를 사용해서 무엇을 만들고, 누구에게 어떤 가치를 줄 것인가이다. 바이브코딩을 배우는 궁극적인 목적은 더 나은 세상을 만드는 것이어야 한다.

당신이 만든 서비스가 누군가의 삶을 조금이라도 편하게 만들고, 당신의 아이디어가 다른 사람들에게 영감을 주며, 당신의 성공이 더 많은 사람들에게 희망을 주기를 바란다.

바이브코딩은 단순한 기술이 아니라 새로운 삶의 방식이다. 이제 당신도 그 여정에 함께하기 바란다.

불가능을 가능하게 만들 당신을 응원합니다.

바이브코딩 비밀특강

AI 바이브코딩 설계자

ⓒ 퍼널땡, 2025

초판 1쇄 발행 2025년 9월 20일

지은이	퍼널땡
펴낸이	이기봉
편집	좋은땅 편집팀
펴낸곳	도서출판 좋은땅
주소	서울특별시 마포구 양화로12길 26 지월드빌딩 (서교동 395-7)
전화	02)374-8616~7
팩스	02)374-8614
이메일	gworldbook@naver.com
홈페이지	www.g-world.co.kr

ISBN 979-11-388-4765-0 (03560)

- 가격은 뒤표지에 있습니다.
- 이 책은 저작권법에 의하여 보호를 받는 저작물이므로 무단 전재와 복제를 금합니다.
- 파본은 구입하신 서점에서 교환해 드립니다.